从鲶鱼到鲸鱼

构建竞争导向型商业模式

半亩塘学院◎著

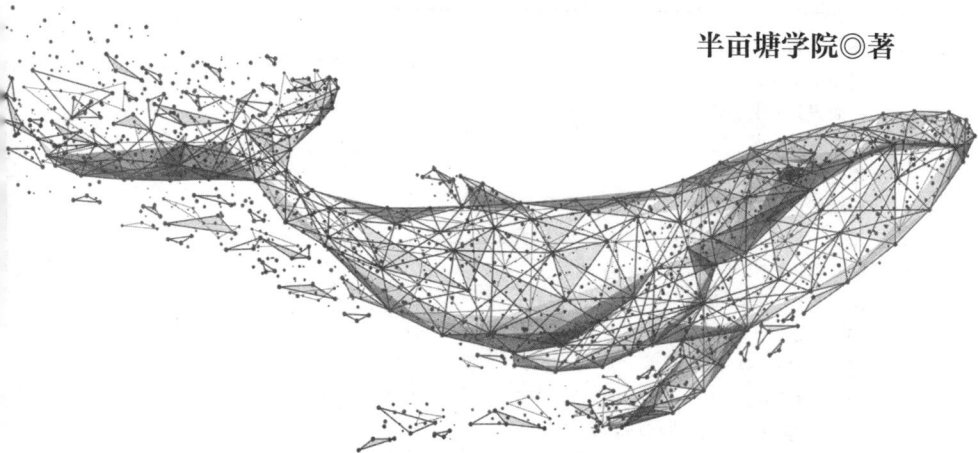

中华工商联合出版社

图书在版编目（CIP）数据

从鲶鱼到鲸鱼：构建竞争导向型商业模式 ／ 半亩塘
学院著．－ 北京：中华工商联合出版社，2019.8
ISBN 978-7-5158-2542-7

Ⅰ．①从… Ⅱ．①半… Ⅲ．①企业管理 Ⅳ.
① F272

中国版本图书馆 CIP 数据核字（2019）第 154546 号

从鲶鱼到鲸鱼：构建竞争导向型商业模式

作　　者：半亩塘学院
责任编辑：吴建新
封面设计：张合涛
责任审读：李　征
责任印制：迈致红
出版发行：中华工商联合出版社有限责任公司
印　　刷：北京毅峰迅捷有刷有限公司
版　　次：2019 年 9 月第 1 版
印　　次：2019 年 9 月第 1 次印刷
开　　本：880mm×1230mm　1/32
字　　数：112 千字
印　　张：6.75
书　　号：ISBN 978-7-5158-2542-7
定　　价：45.00 元

服务热线：010-58301130
销售热线：010-58302813
地址邮编：北京市西城区西环广场 A 座
　　　　　19-20 层，100044
Http：//www.chgslcbs.cn
E-mail：cicap1202@sina.com（营销中心）
E-mail：gslzbs@sina.com（总编室）

原本令人痛苦，但又不得不做的事情，能够转变成为带有"小愉悦"的事情吗？

原本花了高成本，却得到低收益的经历，能够转变成为低成本高收益的事情吗？

原本是自己花费的成本，却给别人做了嫁衣，能够转变成自己为自己创造收益吗？

原本不容易赚钱的制造业，能够转变成利润丰厚的行业吗？

诸如此类的转变有很多，从不利转向有利，从痛苦转向愉悦，从赔钱转向赚钱……本书从企业经营的角度出发，选取了与人们日常生活密切相关的四个行业，探讨这些行业该建立怎样的商业模式，该怎样取得持续的可观的盈利。

书中提到的四个行业，均处于竞争十分激烈的市场环境中，但同时这些行业所提供的服务或产品又有着强烈的市场需求、广阔的发展前景。这些行业中，参与者前赴后继，有人获得了成功，有人选择了放弃，也有人被硬生生地淘汰了。

健身房行业的受众很多，但是坚持健身超过一年的人寥寥无几。愿望是美好的，健身是痛苦的，消费者的心理活动是"不得不去"。同样的道理，对于课外辅导班、药店等行业，消费者从心底里并不愿意去接受这些服务，但现实需求又逼得他们不得不去消费。如何降低消费者的"痛苦"，让其"不得不去"的思想转变成"不排斥去"的思想，甚至把痛苦转换成带有"小愉悦"的事情，从而深度捆绑消费者，让他们坚持来消费——这就是本书第一章要讲述的内容。

民以食为天，餐饮业的消费者很多，但餐饮店易主的情况也经常发生。餐饮业属于日新月异的行业，从菜系、口味，到店面风格、服务特色，每天都会有新的流行元素出现。虽然餐饮行业变化快，但是若能做到将"国际潮流"和"本土元素"相融合，将"时尚健康"与"传统文化"相融合，把全球成功餐饮企业的模式吸收到当地的本土环境中，照样能成为行业的佼佼者。互联网、影视业等行业也具有餐饮业的这个特点，本书第二章将探讨在这些行业中如何投入比较少的资金和时间成本，获得较高的经济和社会效益。

大多数实体书店因为受到网络书店的冲击，经营状况岌岌可危。有些书店花费了大量经营成本，却难以获得收益；有些书店用自己的成本为别人做嫁衣，将吸引来的读者拱手让给周边店铺，为周边店铺"引流"、做广告。类似的情况还发生在百货商场（消费者在商场试穿试用，然后到网店购买）、电器大卖场（消费者到电器大卖场了解对比，然后到更便宜的实体店或网店购买）等地方。第三章的讨论围绕书店的商业模式，分析如何抵御网店的冲击，让自己的磁铁效应为自己创造消费客流，将自己花费的成本转换为自己的收益。

制造业难赚钱是事实，制造业竞争激烈也是事实，但是在很多不同的细分领域中，纷纷冒出出类拔萃者，他们的企业利润率高，销售收入丰厚，都是会赚钱的企业。第四章挑选了生活中比较常见的制造业细分领域——专一取胜型的食品类、随机应变型的电子类、全产业链覆盖型的代工类，重点讨论不同类型的制造业企业在经营中遇到的问题与机会，以及制造业该建立怎样的盈利模式。

本书从实践操作的角度给出这样的答案——怎样建立有特色可持续的盈利模式？怎样才能成为行业的成功者？

本书适合于那些准备毕业后去创业的大学生、研究生；适合于那些经历过事业打磨，想自起炉灶、干一番事业的创业者；也适合于那些想帮助学生进行创业实战训练，理清创业思路的院校教师，或是帮助他人铺垫事业之路的培训师；更适合于那些行业和市场的研究者，以及希望了解市场动态的普通读者。

无论你是哪一类读者，希望本书都可以让你有所收获。

◇ 第一章

由痛苦到"小愉悦"——构建健身行业的成功商业模式

◇ 第二章

由高成本低收益到低成本高收益——构建餐饮业的成功商业模式

◇ 第三章

让自己的成本转变成自己的收益——构建书店的成功商
业模式

第 一 章

由痛苦到"小愉悦"

——构建健身行业的成功商业模式

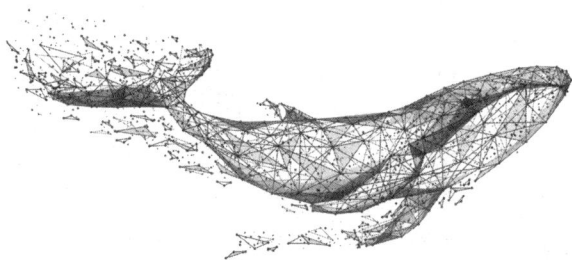

我们的生活中充斥着痛苦和愉悦。愉悦的事情，大家自然都愿意做、争着做；痛苦的事情，大家都讨厌做、回避做，但是在现实世界中，个人并不能完全依靠自己的喜好行事，有些事即便是痛苦的，却不得不做。

哪些事是痛苦的，但又不得不做呢？

这些痛苦的事情，有办法转变成带有"小愉悦"的事情吗？

这些不得不做但又会给消费者带来痛苦的事情，通过哪些方法可以帮助消费者降低痛苦感，并为其创造出"小愉悦"呢？经过怎样的调整和改良，才能够实现双赢？

本章要讲述的，就是这样一个行业。

这个行业里，服务的提供者很多，需要此类服务的消费者更多；

这个行业里，产业竞争非常激烈，商家使出浑身解数争夺消费者；

这个行业的消费者，他们打心眼儿里并不愿意去接受这些服务，但现实的生活逼得他们又不得不去消费；

这个行业的消费者，他们预想中能取得的成绩，一般都会超过自己实际付出所能达成的效果；

这个行业的消费者，接受了服务之后，多有"花钱找罪受"的感受，但又会笑而对之。

说了那么多，我们到底要讨论哪些行业呢？

从我们的日常生活说起。

快节奏的生活，常常让我们每天的"任务清单"满满的。细看这份清单，有些任务给我们带来愉悦感，例如朋友聚餐、聆听音乐会、山林里旅游、打高尔夫球，等等；也少不了一些会带来"痛苦感"但又"不得不做"的任务，例如孩子们参加课外才艺班、英语补习班，成年人参加各种形式的健身锻炼，老年人去药店购买药品、保健品，到医院看病，等等。

鉴于这些会带来"痛苦感"的任务是"不得不做"的，我们能否想办法降低"痛苦感"，从"不得不去"转变成"不排斥去"？甚至创造出"愉悦感"，让执行清单任务的心情变得开心一些？

以孩子们参加的课外辅导班为例。

在这个望子成龙、望女成凤的时代，家家都希望掌上明珠似的小王子、小公主学好本领、各显神通。于是，市面上的数学英语补习班、琴棋书画才艺班、球类游泳跆拳道运动班等如雨后春笋般兴起。家长们认为，送孩子去课外辅导班能帮助他们锦上添花，但家长们忽略的是，这些额外的课程未必能给孩子们带来快乐，相反的是，增加了他们的"痛苦"感，因为课外班的时间剥夺了孩子们本可玩乐的自由。

如何降低孩子们的"痛苦"感，增加"小愉悦"呢？

在数学英语等学科知识方面，可以通过环境布置、课程设计、道具运用等方法，减少课堂上的"说教式"痛苦，增加"游乐式"愉悦，让孩子感受到学习的过程就是游玩。通过搭积木学习数学和物理知识，通过绘本或情景表演学习语文知识，通过室内游乐体验各种社会职业，也可以通过游学在体验异国文化的同时学习英语。

在琴棋书画等艺术类培训方面，虽然免不了日常练习的枯燥和痛苦，但是可以借助一些"福利"让孩子感到愉悦。乐器课程可以定期举办演出活动，让孩子把苦练成果展示给众人；书画课程可以让孩子把每节课的作品带回家，获取家人的赞美与鼓励，教学机构也可以根据孩子的学习情况为其举办画展，提供更多更广的展示平台；舞蹈课程可以在每节课后发放五角星或糖果，对孩子所做的努力给予回应。

在体育运动方面，每次集中性（例如 15 分钟）训练以后，留出几分钟的游戏时间作为奖励，在孩子们露出天真笑容的同时，让他们忘记之前训练的痛苦，并进入下一轮努力。

诚然，需要减轻"痛苦"、创造"愉悦"的行业有很多，每一个行业的解决方案各不相同，要根据其自身特色量身定制，但行动宗旨是一致的——让形成痛苦感但又"不得不去"的事情，在心理上变成"不排斥做"，甚至"喜欢去做"，能完成这样的转变，就算成功了！

下文将以健身行业为例，详细谈谈如何构建健身行业的成功商业模式。

一、你熟悉的健身房以及健身者们

说到健身房，人们马上会联想到醒目的 Logo、身材姣好且体魄强健的员工、齐全的器械设备、专业的教练指导、大量的健身爱好者和良好的健身氛围。

哪些人会选择去健身房锻炼？消费者会选择什么样

的健身房锻炼？

健身房有哪些类型？不同类型的健身房各有什么特征？

健身行业的竞争现状如何？新进入的健身业者有什么特点？

1. 哪些人会选择去健身房锻炼

愿意到健身房锻炼的人，多数是有健身或健美需求的人，通过有氧运动（维持和增强心肺功能）、力量训练（维持和增强肌肉力量）、柔韧性训练（保证关节运动自如），并配合健康饮食，以实现自己的目标。

健身者一般可以分成如下四类：

雕塑身型，增加肌肉；

减脂减重，避免超重；

保持健康，愉悦心情；

交到朋友，胜似"陪练"。

比如，年轻的男性健身者，以雕塑身型、增加肌肉者居多，他们属于习惯型和理智型的消费人群。这些人是质朴的健身者，确实以"健身"为最高纲领和最终目的，他们对健身效果非常在乎。同时，社交满足也是年轻男性的需求之一，包括通过健身照片或是健身效果在"朋友圈"中展现自我，也包括在健身现场结识志趣相投的人。

又如，年轻女性健身者，以追求美感、减脂减重者居多，她们属于感情型、从众型、经济型、疑虑型的消费人群。这些人最在乎的是马甲线、人鱼线，追随健身的流行趋势，追求简单、新颖、优美、有趣的健身方式，这些也正是年轻女性的谈资，也是"晒"健身美照的素材。年轻女性的健身行动，对满足社交的需求要高于男性，如果能结识到情投意合的朋友，经常沟通感情，释放消极情绪，她们的健身意愿将更为强烈、稳定和主动。

再如，老年健身者，多以保持身心健康为目的，他们属于沉静型的消费人群。降低血脂、血压、血糖，增强心肺功能，消除寂寞感和孤独感，取得精神上的成就感、满足感等，这是他们的目标。

当然，要去健身房锻炼的消费者普遍在意健身房的地理位置，一般健身房的服务半径是三公里左右，当然大家也在意健身房的稳定性（短期内是否会关门歇业），这是消费者决定选择与否的重要门槛。

2. 前仆后继的健身业者

相对于港澳台地区而言，我国内地健身行业起步较晚，

20 世纪 90 年代才开始出现健身房的身影。2000 年之后,健身房如雨后春笋般兴起。可惜,十几年来,不少先驱者陷入经营困境,也有不少后来者前赴后继。

健身行业的参与者众多,我们首先来看一下健身房的经营模式。

美国拥有全球最大的休闲体育市场,其健身行业的发展历史近 70 年。美国目前的健身市场主要有两种模式——综合健身俱乐部和精品专项健身工作室。综合健身俱乐部的服务项目较多,受众较广,其可进一步细分为传统重资产大型健身房(通常定位于中高端群体)和新兴廉价快捷健身房(通常定位于中低端群体);精品专项健身工作室则针对特定的健身项目和健身客户。本节我们所讨论的,即为传统重资产大型健身房,也是国内现存数量最多的健身房模式。

目前,国内此类大型健身房的店面数量约有 5000 家,但市场集中度很低,排名前十位的大型健身房以连锁模式为主,店面数量总计约 800 家。以此推算,健身行业前十名品牌的合计市场占有率仅为 16%,以健身行业的龙头企业之一——威尔士为例,其营业收入仅占整个健身行业总体营业收入的 2.5%。

国内健身行业的前十大品牌包括威尔士 Will's、一兆韦德、浩沙健身、中体倍力、美格菲、青鸟健身、英派斯、中航健身、舒适堡、星之健身等，其中以威尔士和一兆韦德最为知名，见表 1-1。

表 1-1　健身行业十大连锁品牌简介

品牌	LOGO	成立时间及发展规模	网点布局
威尔士	WILL'S	1996 年成立于上海，在全国范围内拥有健身会所超过 100 家，会员人数约 50 万	集中于上海，北京、江苏、湖北、辽宁、重庆、四川、广东、湖南等省市也有布局
一兆韦德	一兆韦德 TERA WELLNESS	2001 年成立于上海，全国范围内拥有健身会所超过 100 家，累积服务会员数超过 100 万人	集中于上海，在北京、广东、江苏、浙江、山东、湖北、辽宁、河北等省市也有布局
浩沙健身	浩沙健身 HOSA FITNESS	20 世纪 70 年代末诞生于中国香港，以经营运动服饰起家，1999 年进入内地市场，约有 34 家分店，会员人数约 30 万	集中于北京，在上海、江苏、河南、福建、四川、河北也有布局
中体倍力	GLOBALLY TOTAL FITNESS	2001 年成立于北京，由中体产业股份有限公司与美国倍力健身公司合作创建，门店数量约 8 家	设立在北京、武汉、上海等地

续表

品牌	LOGO	成立时间及发展规模	网点布局
美格菲	MEGA 美格菲	2000 年成立于上海，由香港启康创建集团投资，全国范围内的健身会所约 30 家	集中于上海，在北京、成都、郑州、武汉、西安等地也有布局
青鸟健身	青鸟体育 NIRVANA SPORTS	2001 年成立于北京，全国范围内有 16 家分店，会员人数约 3.5 万	集中于北京
英派斯	impulse	20 世纪 70 年代初起步于台湾地区，2003 年起经营健身俱乐部，共有约 100 家门店（加盟为主），2017 年 9 月在深交所中小板上市	大陆地区主要集中于青岛，在北京、广东、河南、湖南、河北、吉林、江苏、内蒙古等地也有布局
中航健身	中航健康时尚集团 CATIC WELLNESS GROUP	1995 年成立于深圳，在深圳拥有 6 家连锁精品会所，会员人数超过 4 万	全部位于深圳
舒适堡	舒适堡 PHYSICAL FITNESS & BEAUTY	1986 年成立于中国香港，并陆续扩展到内地，健身会所约 70 多家，其中 23 家位于香港，会员人数超过 50 万	遍及东南亚和中国香港、澳门、上海、大连、杭州等地
星之健身	星之健身 STAR GYM	2001 年成立于上海，隶属复星集团，在上海拥有约 30 家场馆	全部位于上海

（数据来源：根据各健身房官网资料整理）

上表所列出的健身行业十大品牌中，威尔士和一兆韦德是定位于高端市场的行业代表。

高端品牌的大型健身房，均地处人流集中的商业中心，人均年消费金额 2000~10000 元（主流消费集中在 3000~4000 元），健身者的消费能力和健身意愿均比较高。鉴于较高的客单价以及不断增长的用户数量积累，加之高端品牌的运营能力，其盈利能力和扩张能力都具备基础，品牌影响力促成较高的进入门槛。另外，中大型健身房的门店面积约 1000~1500 平方米（更大的可达 2000~5000 平方米），初始投入资金约每家门店 300 万~500 万元，高资金需求也推高了进入门槛。因此，高端品牌的市场格局稳定，品牌高度集中。

例如，威尔士以品质高、环境好为特色，专注于服务高端客户群体。威尔士旗下有 Will's、Will's Elite、W-Yoga、Monster by Will's、VIP 五个子品牌，每个子品牌各有侧重，按照服务价格（每年 4000~10000 元）和服务目标（日常健身、瑜伽生活、功能训练）区分。

中体倍力、浩沙等健身品牌，是中端市场的代表。研究数据表明，近年来中端品牌的市场份额呈下降趋势，它们既受到高端品牌竞争和消费升级的影响，也受到市场新进入者的份额挤压。

3. "老一代"业者挣扎的同时，又遭遇"新一代"业者的挑战

与美国的健身市场类似，国内健身行业的发展已从单一的大型健身房经营模式逐步扩展到健身工作室、互联网健身等模式。

以威尔士、一兆韦德等高端连锁健身品牌为代表的高端市场，主要满足健身者的共性需求。高端连锁品牌因较高的知名度、高层次客源、规模效应等资源，进入门槛较高，同时各连锁门店提供的服务内容标准化，针对健身消费者的大量共性需求。而市场新进入者们——健身工作室、健身 App、快捷健身房、"轻教练"健身模式等，分别以其鲜明的运营特点、个性化服务体验，与高端连锁品牌的商业模式区隔开来，以满足不同消费层次健身者的需求，见表 1-2。

表 1-2　健身行业新进入者情况一览表

	健身工作室	健身 App	快捷健身房	"轻教练"健身模式
目标客户	有个性化需求的"进阶"健身者	要利用碎片化时间健身，又不想花太多钱的大众健身者	价格敏感度较高，且希望自由安排健身时间的普通消费者	追求性价比的年轻职场人士

续表

	健身工作室	健身 App	快捷健身房	"轻教练"健身模式
初始投资	每家门店 70 万 ~100 万元	软件开发成本	每家门店 30 万 ~50 万元	每家门店 30 万 ~ 50 万元
营业规模	200~300 平方米	可与线下健身房合作，也可不提供线下实体店	团课健身房 300 平方米，自助健身舱 60 平方米	不超过 300 平方米
客流量	会员制，平均 350 人	非会员制，主要为互联网用户，各 App 月活跃用户数为 30 万 ~600 万人不等	非会员制，按次结算，客流量约每天 300 人	非会员制，按次结算，客流量不定
工作人员规模	3~8 人	以软件工程师为主	工作人员很少，以自助服务为主	工作人员较少，健身房内设若干区域，学员依次在不同区域通过观看视频来练习相应动作，在一节课内完成所有动作
选址特点	写字楼商圈，租金水平较高	无需选址	分散于社区，租金水平较低	商业中心，通常由商场邀请

续表

	健身工作室	健身 App	快捷健身房	"轻教练"健身模式
代表案例	SUPER MODEL FIT	火辣健身	超级猩猩	Shape
会员特性	女性会员比例达 78%	全民	经济实力不大强的年轻群体	接受轻教练、智能化理念的年轻群体
课程设置	针对女性会员占比高的特点，课程以减脂和塑形为主	跑步、健身等	提供团体或私教课程，一般为自助健身舱，24 小时营业	基于动作库的循环训练团体课程，通过对不同的训练动作加以排列组合，设计出针对不同人群的循环课程
课程收费	私教课 300~500 元 / 节，团体课 100~150 元 / 节	线上课程免费	团体或私教课 50~120 元 / 小时，自助健身舱 30~50 元 / 小时	一般为 99~149 元 / 节

健身工作室

高端连锁健身品牌有一个经营盲点，即在个性化服务能力方面比较欠缺，虽然私人教练的存在可以满足部分个性化服务要求，但在健身项目细分、小体量用户需求等方面仍存在很多空白点。同时，大型健身房的团队在经营过程中，培养了一批熟悉健身房运作模式、拥有丰富实践经验、能够利用客户资源自立门户的健身教练，进而形成了第二大健身房模式——满足消费者个性化需求的健身工作室。

目前，国内的健身工作室多数是由健身教练自行开发创立的，呈现小而美的精品模式，尤其注重客户体验，向高端消费者提供针对性课程，SUPER MODEL FIT（由模特葛佩琦创立的女性塑型健身工作室，主要在上海经营）、The Fitness（主要选址在北京）等就是高端健身工作室的代表。

健身 App

随着互联网技术的发展，大量线下的活动能够转到线上，让消费者省时又省钱。得益于移动互联网和体育产业的不断融合，健身作为一项以体验为主的活动，也难免受到互联网的影响。

随着咕咚、KEEP、FEEL、约运动、悦跑圈等健身 App 的出现，健身消费群体找到了新的途径，2014—2015 年是健身 App 快速发展的时期。对于那些没时间去健身房，但能利用碎片化时间锻炼的人来说，健身 App 是几乎"免费"的好教练。总体而言，这些 App 更适合帮助人们改变健身观念，对于在健身方面追求极致，有更高和更专业需求的消费者而言，并不适合。

大多数健身 App 提供的健身课程都是免费的，商家主要利用客户大数据盈利，例如广告和电商平台的增值服务，培养健身"网红"或挖掘健身教练，帮助线下健身房释放人力成本，为健身房的营销决策提供数据支撑等。有些 App 也与线下健身房合作并获得分成，或自行开设线下健身体验馆。

快捷健身房

除了大型健身房、健身工作室、纯互联网健身 App 以外，近年来市场上还出现了一些健身新玩家，也就是前文提到过的、已在美国盛行的快捷健身房——7×24 小时自助健身房模式。相比大型健身房，快捷健身房面积较小，开店位置比较分散，以低廉的价格提供 24 小时全时段自助健身。健身者可以在家门口随时享受较低价格的健身服务，这是"互联网模式"的全时在线与全民健身政策的最佳呈现。

快捷健身房模式始于 2014 年，以超级猩猩、光猪圈、乐刻运动等为代表，这些品牌均在短期内拓展了几十家门店，不同品牌的快捷健身房，经营模式互有差异。

"轻教练"健身模式

2018 年年初，健身行业还出现了一种"轻教练"模式，在这种模式下，教练不再是主角，而只是起到活跃氛围、辅助学员的作用。

Shape 在北京三里屯开设了第一家门店，其特别之处在于，自主研发的核心课程是基于动作库的循环训练团体课程，通过不同的训练目标加以排列组合，设计出符合不同人群的有针对性的循环课程。通俗地讲，健身房内设有几个区域，学员在某个区域观看视频演示，训练相应动作，完成该区域动作后，继续到下一区域训练，一节课程内刚好完成所有区域的训练动作。Shape 通过这种智能化辅助教学，以降低健身者对教练的依赖程度，同时也让健身者的消费体验更加轻松。

"轻教练"模式虽然对健身课程内容要求更高，但单店运营模式成功后，有利于短时间内迅速扩张。

二、健身行业为什么难赚钱，且普遍口碑比较差？

不同类型的健身房，针对消费者的不同需求。从健身行业的整体经营情况来看，普遍业绩堪忧，能够盈利或实现收支平衡的健身房大约只有40%，另外60%的健身房均处于亏损状态。从档次结构上看，定位高端的健身房经营表现优于定位低端的健身房，直营形式的健身房好于加盟形式的健身房，全国连锁品牌的健身房好于区域性品牌的健身房。

健身行业在经营上到底存在哪些问题？

1. 健身房重在开源，而非节流

新开一家健身房，其初始一次性投入成本较高，包括装修费用、器材费用、场地租金等。以我们最常见的重资产模式的大型健身房为例，1000~1500平方米规模的健身房所需初始投入资金约300万~500万元，其中健身器材初始投入的占比高达30%~40%，而后期运营成本主要有场地租金、水电费用、职工薪酬等，场地租金在运营成本中占比高达30%~40%。

从健身房的成本结构上看，装修费用、器材费用、场地租金这几项"重头戏"基本固定，压缩成本是一项非常困难的任务。

相应地，健身房的收入来自健身者，通常包括两大部分，一是消费者购买会员卡的费用（会籍收入），会籍收入一般占总收入的 50%~60%；二是消费者选用私教的费用，私教收入占总收入 40%~50%。另外，还有一部分收入来自周边销售和增值服务（如健身食品、健康管理、器材租赁等），但这些与会员和私教收入相比，微乎其微。

由于健身房的成本难以降低，健身房要想持续存活，唯有依靠提高收入，包括短期收入——新会员的开卡费用，以及长期收入——老会员的续卡费用和私教费用。

2. 开卡率和续卡率是健身房的命根子

对于新开的健身房而言，新会员加入时购买会员卡的收入是短期回款的主要方式。会员卡通常采取预付费方式，时长以年为单位。对于购买会员卡的健身者而言，能把健身这件事坚持到底的人毕竟是少数，更多的办卡者是冲动消费。也正因为如此，多数健身房的盘算是：用极富诱惑力的健身效果"迷"住消费者，用时间越长越划算的感觉"圈"住消费者，用私教的完美体验"挣"到消费者更多的钱。这样一来，会员预付的那些钱就是门店的盈利了。

健身房开业前期，在门店附近的街道上随处可见"疯狂"的销售顾问在招揽新会员，他们极力建议消费者办年卡、办时效更长的卡。销售顾问做出一副精打细算的样子，4500 元的年卡，用一次也就十几块钱（4500÷365=12.3），而购买次卡的话，一次得花费 80 元，远不如年卡划算。另外，一年卡 4500 元，两年卡 6000 元，三年卡 8000 元，时间越长就越划算。健身房这样做的目的很简单，尽可能多收钱，尽快收回初期投资成本。健身行业的老板们清楚知道，能够坚持健身超过一个月的消费者基本上不足半数（因为健身是个苦力活），能持续一年以上、三年以上、五年以上的消费者，更是少之又少，若不趁消费者一时冲动，多鼓励他们办长期卡，等健身开始以后，再去商谈续卡的事情，那就非常难了。

经济学者斯特凡诺·德拉维尼亚（Stefano DellaVigna）和乌尔丽克·马尔门迪尔（Ulrike Malmendier）发表的《付了钱却不去健身》（Paying Not to Go to the Gym）一文显示：

美国波士顿三家健身房的会员平均每月去 4.3 次，而受访者的计划次数是 9.5 次，有的会员甚至在彻底不去健身房后，依然不愿承认这个事实。

可见，健身者的设想是一回事，而实实在在做起来又是另一回事。"知"是一回事，"行"是另一回事，对人性而言，"知行合一"的修练本来就是很困难的一件事。

消费者在对自己能够坚持的健身时间进行评估时，通常过度自信，夸大了去健身房的频率，高估了自己的毅力。而且，消费者在掏钱之前，想的是一年后的马甲线、麒麟臂、六块腹肌，而不是每次都在去与不去之中痛苦抉择；在健身之后，想到的是犒劳一下辛苦流汗的自己，而不是如何才能善始善终。在购买会员资格之前，想得太美好（只想到完美的身材，没充分评估锻炼的艰辛），实际开始锻炼后，又没有毅力去实现自己的美好愿望，换句话说，也就是花钱时很感性，但开始锻炼后就被拉回理性的层面了。

根据经验，消费者能在健身房坚持锻炼一年以上的，不足 10%，多数人在开始锻炼的三个月内就放弃了，所以健身房才会一开始就鼓励消费者多掏钱，购买会员卡的时效越长越好。健身房在 90% 的情况下会赚到消费者"多买的会员时长"，只有剩下 10% 的消费者会坚持将会员卡的时效用完。

实事求是地说，这种销售技巧有"杀鸡取卵"之嫌，招揽一批是一批，这让不少消费者反感，所以大家对健身房的印象也一直不好，造成了负面的社会影响，经营行为也就无法长久。

另外，对于已经购买会员卡的消费者而言，我们可以想象这样的场景：健身者们在实现健身目标的过程中所面对的是艰苦的训练过程、煎熬的饮食控制、不菲的费用支出，而健身者心中希望的景象却是，不用那么辛苦的身体训练和饮食控制，不用太高昂的费用支出，就能换来所期待的健身成效。

锻炼次数的偷工减料，锻炼之后的大快朵颐，必然导致锻炼效果不明显，与美好愿望的反差加大，再加上训练过程的痛苦、经不起考验的毅力、价格不菲的教练费用，这些都像是雪上加霜，让 90% 的会员都放弃了，只有 10% 的会员坚持下来。

健身房要提高收入的渠道之一，就是提高续卡会员的比例，也就是让坚持锻炼的人越来越多，否则就只好派出销售顾问在马路边招揽感性的新消费人群。

3. 健身者请私教的比例左右着健身房的命运

无论哪种类型的健身房，一般都会配备私教，健身房的抽佣比例通常是私教费用的 30%~70%。其中，大型健身房抽佣比例较高，小型健身房抽佣比例较低。

与美容美发、SPA 按摩不同，健身的过程需要克服惰性，不断突破自我，如果没有外部力量的引导和激励，健身者的坚持程度和续卡率会比较低。有了私教的指导互动以后，可以帮助健身者少走弯路，更安全、更高效、更有趣味地达到健身效果。

第一，私教能有效帮助健身者降低受伤风险。在健身房里，面对陌生的器械、难以把握的重量，如果说有上千种方法让自己受伤，也不为过。选错器械，或者选择不适合的锻炼方法，不仅无法实现锻炼的初衷，反而会伤及身体。私教的作用，首先就是保证健身者的安全，他会根据不同人群的不同需求，制定匹配健身者自身特点的训练计划，在保证安全的前提下，完成相应的动作和训练量。例如，有心脏病的健身者运动强度是多少？上了年纪的老大爷力量训练怎么做？驼背圆肩的办公室美女，特地来实现手臂纤瘦时该怎么训练？

第二，私教能为健身者提供科学合理的训练计划。健身者的训练水平参差不齐，身体状况也不尽相同，私教可以根据健身者各项身体指标的实际情况和锻炼目的，有的放矢地设定科学合理的训练计划，采用科学规范的训练方法，实现单位时间内训练效果最大化。术业有专攻，私教在健身方法的改进、训练时间和周期的把握、运动量和运动强度的控制等方面，都比非专业人士要强。

例如，有些人因为柔韧性较差，导致其不能高质量完成健身动作，此时不应该单纯重复训练动作，而应该把柔韧性训练加到日常课程中，这样才能显著提升训练效果。又如，一些芭蕾舞练习者的身体柔韧性很强，但上肢肌肉力量薄弱，这时就要根据身体条件设定好力量训练的时间和强度配比。由于力量增长具有周期性，在训练时需要做好严格的重量递增计算，每个动作既前后相连又不能相互影响，前一天的训练不能影响后一天的训练。所有训练计划都是持续更新的，让健身者不断取得进步，某项计划实施一段时间后，如果健身者的锻炼效果已经达到极限，那么就应该及时调整训练计划。

除了运动形式、运动频率、运动量和强度之外，私教还会向健身者提供饮食建议，例如健身者以塑形增肌为目的，这并非一周锻炼三次就能实现，整个健身过程更像一种生活习惯，需要配合高蛋白、低脂肪、低碳水化合物的饮食结构。

第三，私教能有效保持健身者的训练动力。到健身房训练是一件"痛苦"的事情，花费不菲、训练枯燥、身心疲惫，还要控制饮食……这些因素都会减弱健身者的愉悦感。

私教的作用，就在于让健身者以尽可能愉悦的心情坚持锻炼，以真正达到健身效果。私教是健身者的领路人、加油员和助威者，有时还会是一条"鞭子"，起到鞭策和约束的作用。很多时候，我们在距离训练完成只有一步之遥时放弃，可能只是因为缺少或温柔、或严厉、或轻松、或嘶吼的一句鼓励。实践证明，有个人陪着运动，胜过自己单打独斗。

私教在给健身者制定锻炼计划之前，会先了解健身者的健康情况、病史、喜好的运动项目、训练目标，以及性格特征等。前几项比较容易理解，而了解健身者的性格特征，目的就是根据健身者性格来选择训练时的鼓励语言。对于一个对自己高标准严要求的汉子，要用"继续，再来一个，再来一个"来鼓励；而对于一个性格柔弱的小姑娘，或许要以"马甲线就要出来啦"来鼓励。

对健身房而言，健身者请私教的数量越多，健身房的收入就越高。但是，在目前的市场行情下，私教的收费一般在每小时200~400元之间，如果一周请三次私教，健身者一个月在私教身上的花费就达到4000元上下，这对普通的上班族而言，是一笔不小的开支。

三、以需求为蓝本，让健身行业"有机可活"

　　健身市场存在的问题和机会是并存的，那么健身市场的机会有哪些呢？怎样做才能让消费者愿意到健身房锻炼呢？怎样做才能让消费者愿意持续到健身房锻炼呢？

　　最关键的因素是，让消费者看到健身效果，达到健身目的。

　　从理论上说，能达到良好训练效果的三要素是：

　　一周训练三次以上；

　　三分靠练，七分靠吃；

　　有合适的教练来引领，让各项运动的动作更加规范有效。

　　但是，因为种种原因，上述条件难以达成。首先，健身者一般都工作繁忙，每周难以抽出足够的时间，而且更重要的原因是——锻炼是痛苦的，不是心甘情愿的，健身者容易找出各种"不去锻炼"的借口，从而导致运动量不足，健身效果不明显。其次，在饮食方面如果没有科学指导，难以自我把握，容易饮食过量，或者营养搭配不均衡，导致健身效果事倍功半。第三，私教固然能帮助健身者更有效地健身，指导健身者更合理地饮食，但请私教后总体健身费用将大幅上升，不少健身者只能望"钱"兴叹。

三要素中缺失任何一项，均会直接导致健身效果不如预期，对于健身经验不足的入门健身者尤其如此。在这种情况下，再想想自己花出去的"真金白银"，健身者会感到失望、愤懑，消费体验会非常差，甚至有一种上当受骗的感觉。

因此，检讨健身房和健身者之间的冲突点，主要有两个方面。

健身者的健身预期与实际效果之间的落差，即很难达到预期的健身效果；

健身者的健身预算与实际支出之间的落差，因聘请私教等因素导致实际支出高于预算，也就是健身者认为性价比偏低。

上述两个冲突点如何化解呢？我们首先从消费评价入手。健身者在健身房锻炼一段时间之后，对健身房的评价可以概括为四类：上当受骗、不满意、可接受、满意。

事实上，不同健身者的评价标准可能相差很大，但评价原则是相通的，即把健身效果的实际达成情况与最初购买会员卡时的期望值做比较——健身效果是否与健身花费成正比，成了消费者心中评价标准的尺度。健身效果越好，健身花费

越低，消费者就越满意；反之，健身效果越差，健身花费越
高，消费者就越不满意。

假设消费者最初购买会员卡时花了 5000 元，根据消费者
的不同期望值，将其分为四类：A 类消费者对健身效果的设
想是减重 50 斤，B 类消费者的设想是减重 30 斤，C 类消费
者的设想是减重 20 斤，D 类消费者的设想是减重 10 斤。

假设消费者的最终健身效果都是减重 20 斤，那么上述
四类消费者对健身房的评价依次是：

① A 类消费者——实际达成情况（减重 20 斤）远低于
期望值（减重 50 斤），健身者愤怒地认为"被骗了"。

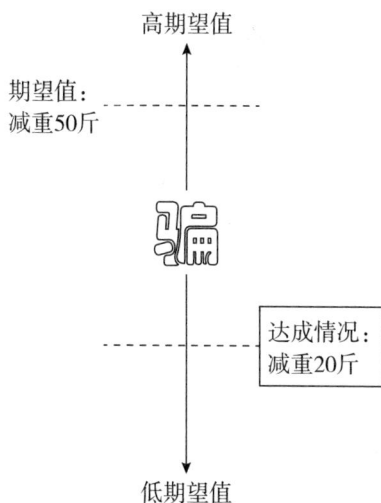

② B 类消费者——实际达成情况（减重 20 斤）略低于

期望值（减重 30 斤），健身者觉得"不满意"。

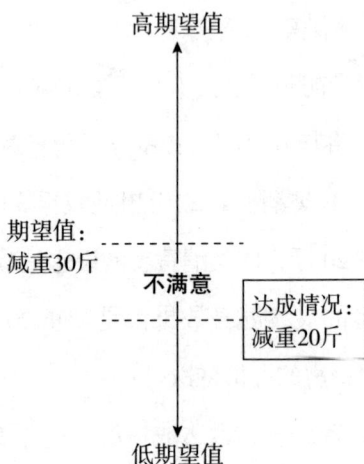

高期望值

↑

期望值： - - - - - - - - - -
减重30斤
　　　　　　不满意
　　　　　　　　　　┌─────────┐
　　　- - - - - - - │达成情况：│
　　　　　　　　　　│减重20斤　│
　　　　　　　　　　└─────────┘

↓

低期望值

③ C 类消费者——实际达成情况（减重 20 斤）与期望值（减重 20 斤）相同，健身者表示"可接受"。

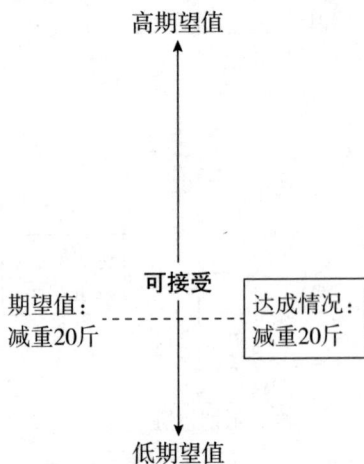

高期望值

↑

　　　　　　可接受
期望值： - - - - - - - ┌─────────┐
减重20斤　　　　　　　│达成情况：│
　　　　　　　　　　　│减重20斤　│
　　　　　　　　　　　└─────────┘

↓

低期望值

④ D 类消费者——实际达成情况（减重 20 斤）超越期望值（减重 10 斤），健身者喜出望外，感到"满意"，并愿意继续在健身房里消费。

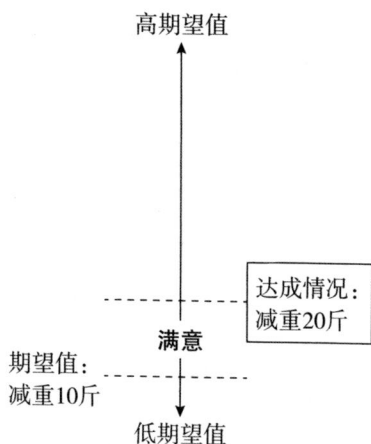

健身行业的机会在于，不断压缩消费者期望值（健身预期）和达成情况（健身效果）之间的落差，当消费者期望值和达成情况持平，甚至达成情况超越期望值时，赞扬声就会接踵而至，回头客的比例自然上升。

这里讲一个关于期望值和达成情况关系的故事。

1988 年 4 月，24 岁的霍华德·金森是美国哥伦比亚大学哲学博士，他的毕业论文题目是《人的幸福感取决于什么》。为了完成论文，他向市民随机做了 5200 份有效问卷，经过统计，仅仅 121 人认为自己"非常幸福"。

接下来，霍华德对这 121 人做了详细地调查分析。他发现，这 121 人当中，有 50 人是这座城市的成功人士，另外的 71 人，有的是普通的家庭主妇，有的是卖菜的农民，有的是公司的小职员，还有的甚至是领取救济金的流浪汉。这些职业平凡、生涯黯淡的人，为什么拥有如此高的幸福感呢？通过调查研究得知，这些人虽然职业多样，性格迥然，但是他们具有相同的特点，那就是他们对物质没有太多的要求。他们平淡知足，安贫乐道，非常享受柴米油盐的寻常生活。

调查结果让霍华德得出这样的结论——这个世界上有两种人最幸福，一种是淡泊宁静的普通人，另一种是功成名就的杰出人士。如果你是普通人，你可以通过修炼内心、减少欲望来获得幸福；如果你是杰出人士，你可以进取拼搏，获得事业的成功，进而获得更高层次的幸福。当然这个结论还需要进一步完善，作为最大多数的普通人，我们也要积极进取、努力奋斗，通过不断达成一个个小目标，让自己收获更多的成就感和幸福感。

也就是说，当个人实际达成的目标高于期望值时，幸福感油然而生；当个人实际达成的目标低于期望值时，挫折感就会扑面而来。

回到健身房的案例中，要提高消费者的满意度，增加回头客的比例，重点在于降低消费者的期望值，控制消费者的健身成本，提高消费者的健身效果，发挥好私教的指导作用。

解决这个看似矛盾的冲突点，正是健身房的机会所在。

四、让"痛苦"变成"愉悦"，让"高价"变成"平价"

花钱买来健身过程中的"痛苦折磨"，颇有一种"花钱买罪受"的感觉，这是事实的一个方面。"痛苦"的健身和不菲的价格让大部分消费者在短时间内放弃，健身房再不停地四处散发传单，不断吸引新一批的消费者，如此往复，就会陷入恶性循环，这也是事实的一个方面。

但是，要达到健身效果，一周三次以上到健身房"苦练"是必须的，适当控制饮食是必须的，请一个私教可以让效率更高也是必须的。

要让消费者轻松实现以上三点，健身房就要想方设法让"痛苦"的健身变为"愉悦"的健身，让"贵族消费"的健身变为"平价消费"的健身。

那么，健身房的成功商业模式如何构建？怎么做才能取得持续的成功呢？最关键的一点在于，帮助健身者提高锻炼效果，同时合理降低他们的预期目标和实际支出。

对于大多数消费者而言，到健身房锻炼的初衷，就是为了取得健身或健美效果。健身房最根本的功能，就是以最高效的手段，帮助健身者达成锻炼目的。只有让健身者得到满意的锻炼效果，才可能换来其持续性消费，心满意足地不断地在健身房花费时间和金钱。在取得满意健身效果的前提下，如果能够帮助健身者降低训练的"痛苦"，感受到小小的愉悦，那么健身者的坚持就更有动力，健身房的经营也会更持久。

让消费者达成锻炼目的的手段有哪些？让消费者减少"痛苦"、增加愉悦的方法有哪些呢？

1. 把单打独斗变成群体作战

先举一个例子。

自 1896 年首届奥运会起，马拉松（Marathon）长跑就是比赛项目之一，马拉松比赛的全程长达 42.195 公里。近年来，马拉松比赛在世界各地广泛举行，甚至兴起了"马拉松热""长跑热"，有些比赛的参赛人数高达两三万人。

在美国，每年在国际田联和美国田径协会报备的马拉松正式比赛高达 900 多场，如果再加上半程马拉松或 10 公里跑等赛事，一年将近两万场比赛。也就是说，在美国平均每天有两场以上的正式马拉松比赛同时开跑，还有 50 多场业余比赛在进行。在国内，虽然我们起步比较晚，但是近几年发展速度很快，目前全年的赛事总量超过 1000 场，比赛参与者超过 500 万人，而且还有越来越多的地区准备举办马拉松比赛，越来越多的人热衷参与马拉松比赛。42.195 公里的距离，对人类来说是体能极限的挑战，国内的赛事主办方设置了灵活的比赛方式，从 3 公里、5 公里的欢乐跑、亲子跑、迷你跑，到 10 公里、半程马拉松，再到全程马拉松，便于不同人群的参赛。

马拉松比赛的漫漫征途，跑步过程中口干舌燥、汗流浃背，跑完后精疲力竭、心力交瘁，那么除了锻炼身体、感受冲过终点线的美好之外，是什么吸引那么多人热衷于马拉松呢？

马拉松，会给普通的生活带来不同的色彩，带来新的朋友和新的感悟，这或许正是马拉松的独特魅力所在，是在其他竞技类赛事中所感受不到的。

参加马拉松的前前后后，会有许许多多的感动。

忘记天天机械式的上班下班，跑友之间互相结伴，能有机会约一场赛事，一路赏美景，赛后品美食，去一个从未涉足的城市跑一场马拉松，领略一个城市的独特魅力。

站在马拉松赛场上，听着热情四射的乐曲，被跑步爱好者们包围，任何一个话题都能聊得很开心，大家一起奔跑，一起挥汗拼搏。

奔跑在赛道上，陌生的跑友路过身边时，会给你坚定的鼓励，两旁还有热情的群众和志愿者们给你加油、拍照。

通过参加马拉松赛事，认识一群天南海北的"跑友"，虽然平时没机会见面，但可以借着参加赛事的机会聚会聊天。

……

马拉松是一项结伴的运动，也正因为"结伴"的力量，让参赛者们越发有韧性，越发有动力和毅力，也越发有被监督感，从而努力去完成比赛，享受其中的乐趣。

对于健身活动也一样。如果在练习的过程中多一点陪伴、多一点鼓励、多一点监督，效果会大不相同。

在办理健身会员卡时，有一个好方法是结伴练习。父亲与儿子、母亲与女儿、同事之间、邻居之间相约，既能相互鼓励、战胜自我，又能互相监督、约束自我，让健身计划更持久，让健身目的更顺利地达成。

例如，同事之间相约去健身。刚开始的那段时间，大家都信心满满，力争一起打造完美身材。随着时间的推移，训练的劳累取代了最初的兴奋，工作的压力压缩了锻炼时间。渐渐地，虽然身边伴随着同事的陪伴和鼓励，但携手同行的伙伴中开始有人放弃了，年卡变成了"月卡"。为了尽量降低这种情况的发生概率，鼓励"同行的伙伴"坚持到底，可以在最初办理年卡时约定好年卡内金额或时间的使用方式，如果有人中途放弃了，其年卡里剩余的金额或时间可以无偿转让给坚持锻炼的同伴使用。

又如，除了亲朋友好友抱团锻炼之外，让新老会员互助组队也是一个良策。老会员的健身经验可以让新会员的锻炼事半功倍，提高新会员训练的规范性、科学性，老会员的鼓励支持可以让新会员充满动力和目标感。健身房可以在周末或是消费者比较空闲的时间举办新老会员的聚会，让老会员谈谈自己如何锻炼、如何合理饮食、如何改变生活习惯，并现场解答新会员健身过程中的疑问，减少新会员的困惑和疑虑。在交流的过程中，既可以让新会员收获经验，少走弯路，调整自己的心理预期，找到客观合理的健身参照物，同时也能让老会员增强荣誉感，给予他们更强的健身动力和吸引力，从而提升消费黏性。让新老会员组队，提高了健身者的凝聚力，营造出家庭氛围，能够让健身房的运营更持久更健康。

再如，让教练成为健身者的忠实伙伴。健身房通常会配备很多教练，这些教练是健身者接触最密切的工作人员。在健身过程中，教练的专业性深受健身者的信赖，教练的一句鼓励，比同伴之间的鼓励更有带动力；教练的一次称赞，效果远大于朋友圈中的一个个"点赞"。因此，健身房可以要求教练多鼓励健身者，给予其继续锻炼的勇气和力量，并将健身者的出勤率作为教练的考核指标之一。

在"集体战斗"的过程中，健身房可以定期（如每周、每双周、每月）举办健身课堂或经验分享会。在会上，教练可以告诉健身者正确的饮食方式，以及吃多少、吃什么、怎么吃、什么时候吃；老会员可以与新会员开展"传帮带"活动，以切身体会来辅导新会员，发现和解决训练问题，推广效果较好的训练方法。

会员与教练之间的交流，新老会员之间的交流，这些活动办多了、时间长了，无形之中就会创造出健身团队的凝聚力，进一步形成健身房的文化特色——聚，把会员的心聚在一起，把更多的健身爱好者聚集到你的健身房来锻炼。当市面上多数健身房执着于"赚快钱"的时候，你的健身房在真正为健身者的健身效果和身体健康服务，在真正营造愉悦的健身文化，那你对消费者的吸引力就会越来越强，你的经营水平和盈利水平就会越来越好。

2. 把痛苦的事变成愉悦的事

也举一个例子。

说到去餐厅享用美食，几乎所有人都会认为是一件愉悦的事，但是如果你要去一家热门餐厅，排队等位就在所难免，这会让原本愉悦的事情变得不那么愉悦了。不用排队的餐厅，要么是"好吃"加上"昂贵"，要么就是"不好吃"。如果既要保证消费者有"好吃"的愉悦，又要减少"排队"的痛苦，那就要让消费者感觉到"排队"就是"赚到"，排得越久，"赚得越多"。

在餐饮界，海底捞火锅闻名遐迩。当更多的消费者被美食所吸引涌向海底捞的时候，排队就成为一种必须的附加品，而且越是节假日排队等候的时间就越长。海底捞为了减少消费者排队等候的"痛苦"，在等候区可谓下足了功夫，例如提供不限量的小吃水果，提供免费的美甲服务，提供免费的擦鞋服务，提供消磨时间的棋牌，等等。从海底捞的成本角度来看，消费者的餐费中已经包含了这些"免费"的项目，但是却让消费者有一种"赚到"的感觉，而且从众心理会吸引更多的消费者来排队，可谓做足了面子，充实了"里子"。

无独有偶，类似的情况在很多行业中存在。

相比汽车、火车和轮船，中长途旅行选择飞机可以节约很多时间，但是乘坐飞机也有弊端，比如需要提前一两个小时到机场候机，比如飞机上座位狭小，尤其是廉价航班的飞机，这些都增加了乘客的"痛苦感"。春秋航空，作为一家廉价航空公司，通过一些特色服务让乘客的"痛苦感"有所降低。

我们来看看春秋航空用哪些方法为不太舒适的旅途加分。

·空中商店

所谓空中商店，就是乘务员在飞机客舱的狭窄过道上推着流动小车，向乘客展示、介绍和售卖种种商品，或者通过飞机广播介绍商品。

春秋航空自2005年通航后，就推出了"空中商店"这一业务，随着业务的不断扩展，商品种类已接近300种，不同航班销售的商品不尽相同，一般每个航班上销售的商品约8~10种。虽然乘客对空中商店褒贬不一，支持者认为给无聊的飞行增添了乐趣，反对者认为嘈杂的贩卖声影响休息，但调查数据显示，确实有一部分乘客非常喜欢"空中商店"的服务，丝巾、迪斯尼玩具、飞机模型、MP3手表等商品的购买率很高。

·空中运动

狭小的座位空间会让久坐的乘客深感疲劳，春秋航空在行程的某一时段会播放保健操的广播，并由一位乘务员在过道上做示范动作，带领乘客活动筋骨，舒缓疲劳，这项活动受到多数乘客的欢迎。

·抽奖环节

春秋航空的抽奖奖品是集会员卡和建设银行信用卡为一体的银行卡，除了常规的信用卡功能之外，还能享受春秋航空的旅行积分和优惠活动。客舱里的抽奖方法也很特别，前10位按动服务灯的乘客均可办理此卡，这一环节活跃了客舱氛围，即使没有特别需求的乘客也会跃跃欲试，伸手按亮服务灯。

· 特色航班

春秋航空社交媒体的综合实力在行业内名列前茅，它不仅是国内第一家在微信朋友圈做营销的航空公司，也是各种航空特色活动的创始人。例如，春秋航空曾在飞往日本的飞机上打造"Cosplay 航班"，集合十多名玩家，扮演游戏角色造型。又如，春秋航空曾尝试推出"相亲航班"，把相亲活动放到万米高空——因为天空是离丘比特最近的地方。

再说一个例子，即使是作为高层次运动的高尔夫球，也有隐藏在快乐背后的"痛感"。

也许大家会说，穿着名牌的运动服、运动鞋，乘坐服务人员驾驶的高尔夫球车，在一片绿意的球场上挥舞上万元甚至几万元一支的球杆，那是一幅多么酣畅淋漓、多么惬意、多么自豪的画面啊，怎么会有不愉悦之感？

在现实中，打高尔夫球的场景可能是这样的：

夏天太阳曝晒，大汗淋漓！

冬天大风冷雨，手脚冻僵！

更要命的是，如果遇到有球队比赛，或者节假日球场内组队较多时，不可避免地要排队开球，此时再加上天气的煎熬，原本愉悦的打球心情被大打折扣，不愉悦感就会一点点冒出来。

对于这些无法避免的"痛苦感",球场经营者要多动动脑筋,提供一些暖心的"补偿",就可以在最大程度上降低打球者的不愉悦感,更加享受高尔夫带来的乐趣。

比如,在太阳曝晒的夏天,利用球车不断地给打球者送上冰毛巾、冰镇奶茶或者冰啤酒、绿豆汤等,尤其是在容易排队等候的洞口。

在大风冷雨的冬天,利用球车不断地向打球者提供热咖啡、热茶、烤香肠等,甚至可以在发球台设置暖风或炉火,以及提供香气四溢的热汤热食。

以上的点点滴滴,利用消费者的补偿心态,把等待开球的不愉快、炎炎夏日曝晒的不愉快、寒冷冬天冻僵的不愉快,变成另一种球友之间相聚谈天的乐趣。

相同的道理,一个小时高强度的健身房训练是非常辛苦和痛苦的,如果你是健身房的从业者,你打算如何降低消费者的痛苦呢?

首先,教练要把健身者一个小时的强力训练分解成若干个时段,每个时段都要形成"训练 + 放松"的小循环。

也就是说,每个时段训练完成后,教练就针对健身者刚才训练的身体部位进行按摩放松,健身者得到适当的放松后，再进行下一个时段的训练。或者把 60 分钟的高强度训练，改为 40 分钟强力训练，另外 20 分钟进行放松或按摩，健身者在训练时会有美好的"期待"。

这种降低健身痛苦的方式带来的改变，主要基于以下几个观念：

分段训练再加上局部按摩放松，可以降低连续高强度训练带来的痛苦。

当一个人辛辛苦苦地完成一件事以后，如果能够得到及时的回馈、正向的肯定，就可以促进他以更高的热情继续做好下一件更难的事。也正因为此，许多公司在业务员达成一项业绩目标后，就立即颁发一笔奖金或者安排休假旅游，以作为奖励。

实践证明，一周一次 60 分钟的强力训练，其效果比不上每周三次、每次 40 分钟的训练。唯有降低健身者的痛苦，给予及时的放松和回馈，才能使大部分健身者愿意保持训练频率和训练量。

其次，在每次健身后能"愉快"地控制饮食。

疲惫的健身过后，或许大多数人的感受就是累并且饿。此时如果饱餐一顿，就会违反饮食要求；如果忍耐着饥肠辘辘，又会觉得觉愧对自己。以此为切入点，我们再说说健身房如何进一步降低消费者的痛苦感，并提升愉悦感，让消费者在苦练之后能饱餐。

运动人士的饮食结构，通常是要求高蛋白、低脂肪、低碳水化合物，而一包"谷麦全餐"能恰好满足上述要求。

每 100 克"谷麦全餐"中含有 444 千卡热量、61.2 克碳水化合物、16.4 克脂肪、12.4 克蛋白质、13.2 克纤维素等。"谷麦全餐"在冲泡服用后，会立即产生饱腹感，而且一小袋的价格仅约 8 毛钱，可谓经济实惠。

平常在家里，和热气腾腾的咖啡、冰凉可口的奶茶相比，一包简单的"谷麦全餐"根本不会引起我们的注意，但是如果放在大汗淋漓、饥肠辘辘的训练之后，其产生的满足感可就不一样了。训练结束后，服务员马上泡一杯温暖的"谷麦全餐"，端到健身者面前，健身者喝下去以后肯定能减少痛苦感、增加愉悦感，并且会因为饱腹感而减少回家后的进食量，进一步增强锻炼效果。所谓"三分练七分吃"，这更是锻炼后的科学奖赏，一杯白开水和一包"谷麦全餐"，你和消费者会选择哪一种？

适度适时的按摩，营养科学的"即食"服务，都可以让锻炼者感受到现场兑现的奖励回馈，让消费者体会到尊贵感，也就可以降低训练的痛苦感，提升满足感。

3. 把健身锻炼和愉悦放松相结合

开创事业的时候，人们往往会专注于某一领域，越钻越深，即使在钻研的过程中遇到重重障碍，创业者也会一门心思地奋勇前行，为了心中的目标而"衣带渐宽终不悔"。事实上，当我们跳出原先布局的框架，用全局的眼光看一看，或许就会发现，仅仅专注于某一领域，只用一条腿走路时往往磕磕碰碰；如果改用两条腿走路，除了在某一领域坚持钻研之外，再借以第二个领域为辅助，那种磕碰反而会减少了，心中的目标自然更容易达成。

在健身房，有一项运动是推举，一般一组推举十下，连续进行两到三组。我们来看以下两种训练方式：

第一种方式，自己连续推举十下，然后休息，接着再推第二组，高强度的练习或许无法让健身者坚持到两组都做完。

第二种方式，自己连续推举十下，然后由教练帮助按摩放松；接着再连续推举十下，再让私教帮助按摩放松；最后再来五下，私教再次帮助按摩放松。事实上，最后五下对于健身效果来说是最关键的，因为那是突破极限以后的运动，是能量消耗、肌肉增长的开端。主动"推举"锻炼和被动"按摩"放松相结合，让健身者更容易达到目标，完成了最关键的五次推举，能够坚持到底。第二种训练方式给单纯的锻炼加了点"调料"，把健身锻炼和愉悦放松结合在一起，变一条腿走路（单纯的锻炼）为两条腿走路（锻炼加放松）。

鉴于请教练的成本很高，健身者可以有一些变通的做法，同伴之间互相按摩，健身房组织结对"PK式"训练，或者让资深的健身爱好者充当按摩师（可给予少量报酬）。

对于以减脂塑身为目标的女性而言，达成好身材目标的主要途径有两种。

一是通过健身锻炼来实现，通过健身实现塑身效果快速而明显，但是健身锻炼的过程是痛苦的；二是通过SPA（水疗）等愉悦放松的按摩来实现，这种方法没有痛苦，但是见效比较慢、效果不明显，花费也比较高。

看来，无论用哪条腿走路（健身或者按摩），都无法完美实现塑身的目标，不是痛苦地实现，就是低效地实现，那么为什么不试一试两条腿走路的效果呢？

这个矛盾为我们健身房经营者提供了一个"开源"的好机会，我们可以在门店隔壁或门店内部配建一家SPA养生馆。当健身者经历了一个小时痛苦的塑身锻炼之后，马上就可以到 SPA 养生馆享受半小时愉悦放松的服务。健身和 SPA 都为塑身服务，虽然通过其中任何一种方式都无法完美实现目标，但是将两种方式搭配在一起，就会产生一种完美的效果，不仅让消费者在"痛苦"健身时能够憧憬不久之后的享受，也能帮助其真实有效地实现塑身目标。

以上几种方式说明了健身房经营者要注意从消费者的心理反应出发，多制造、多创造快乐和愉悦，不断去更新自己的观念和经营模式。

要达到健身塑身的目的，不能只依靠高强度的训练，还必须要有适当的肌肉放松。

SPA、按摩、理疗是轻松愉悦的塑身方式，但效果不明显；高强度的锻炼方式见效很快，但是过程却相当辛苦，很容易在尚未实现目标时就前功尽弃。

增加锻炼者的可选项目，可以提高其训练的满意度。例如，可以让消费者选择"A 方案：60 分钟强力锻炼"，或者"B 方案：45 分钟锻炼 +15 分钟放松"，或者"C 方案：30 分钟锻炼 +30 分钟放松"，也可以随着训练阶段的转换而弹性调整，不能让训练一成不变。多几个选项，多几种转换，也可以适当减弱"痛苦感"，让消费者维持较长时间的锻炼动力。

4. 把高消费变成低消费

再举一个例子。

我国台湾地区有许多私人医疗诊所，诊所里有医生、有护士，相对来说，医生的成本很高，护士的成本较低。诊所按就诊量得到地方政府的补助，所以要提高诊所收入，就要增加就诊量。

假设医生给小朋友看病。小朋友去诊所，要接受检查、要吃药，本身是不愉悦的，而陪同小朋友来看病的父母，要跟单位请假，要排队等候，也是不愉悦的。诊所怎么做才能减少这两种不愉悦呢？

医生花点小心思，装扮一下自己的听诊器，在上面夹上形态各异的可爱玩偶，当小朋友来检查时，告诉他们，乖乖配合检查就可以挑走一样心爱的小玩偶，冰凉的听诊器就有温度了。

当小朋友接受检查的时候，注意力都集中在挑选哪只玩偶上，不再哭闹，小朋友的"痛苦感"降低了。同时，因为小朋友的主动配合，医生检查的速度得到提升，孩子父母陪伴等候的时间减少了，他们的"痛苦感"也降低了。

医生（成本高）快速诊断完成后，立即把小朋友交给护士（成本低），由护士花比较多的时间告诉父母如何照顾患儿，例如如何拍痰，如何喂药，如何应对紧急情况。这样一来，孩子父母所接受的指导细致入微、详细具体，他们会觉得诊所的服务质量很高。低成本的护士代替了高成本医生做指导和讲解，既能节省医生看病的时间，提高诊断效率，又可以降低病患候诊的时间，减少就诊的"痛苦感"。在实践中，一名医生可以配备八名护士，甚至更多，让高成本的医生和低成本的护士合理搭配，病人不需要多花钱，却可以享受到更快捷的就诊流程，掌握更详细的处置方法。

诊所的这种做法，同样值得健身房借鉴。要让高消费的健身转变为低消费的健身，可以从教练的教学费用下手，但千万不能降低教练的指导作用和实际收入。怎么做呢？

其一，可以让高成本的教练培养低成本的助手，比如有健身基础，对健身感兴趣，但尚未考取相关证书的学生。

健身者每周要去健身房三次以上，可以在讲授新动作、开始新的训练阶段时请教练亲自指导（每小时 300~400 元），后面重复练习时请助手指导（每小时 50~150 元），或者每次上课先请教练指导十几分钟，讲清动作要领、注意事项，后面的时间请助手进行辅导。这样做，既能保持训练效果，又能降低健身成本。

其二，可以采用"老会员带新会员"的方式。

进健身房锻炼的新会员，假设一周上四次课，其中一次让教练亲自指导，每次花费 300~400 元，另外三次练习可以让老会员带着练，或给予必要协助，每次花费几十元，一周共计花费 500 元左右。对于老会员而言，假设一周同样锻炼四次，其中三次与新会员共同训练，额外收入 200 元，自己可以再请教练进行提高练习，基本上花费很少。

消费者付出一定金额的健身费用后，就在心目中设定了健身的期望值，先不论最终达成情况如何，如果在健身的过程中，能让消费者感受到与期望值越来越接近，感受到阶段性成就感，让消费者感觉每次辛苦付出都会有成果、有进步，这将是一种更受欢迎的经营方式。

大多数人都认为，在健身过程中出汗量越大，就说明健身效果越好。人体排毒的方式有两种，一是排尿，二是出汗，而出汗的排毒作用是排尿的好几倍！正因为此，可以在消费者健身时设法让他们多出汗，夏天时升高空调的温度，冬天时让消费者先喝一杯姜茶再锻炼，训练中多注意补水，都是增加健身者出汗量的方法。

虽然健身行业竞争非常激烈，虽然健身是一个"痛苦"的过程，但健身的需求是真实存在的，也因为从"痛苦"到

"小愉悦"之间有转换的渠道和空间，健身行业完全可以构建出有自身特色的成功的商业模式。商业模式成功与否，重点在于经营者的出发点。

如果经营者的出发点是健身房本身，想的仅仅是"健身"，追求健身房的短期盈利，则会通过改善场地环境、丰富器材品种、提高教练水平等方法来有效地指导健身者，让健身者拥有和教练一样的体魄。这种做法的最终结果，很可能是健身者不断迭代更替，老会员不断离开，新会员继续招募。

如果经营者的出发点是健身者，想的是健身者所关心的"健康"，追求锻炼的长期效果，则应该通过定期的心率、体脂率、肌肉率、水分率等身体检测，衡量健身效果。一旦发现健身者的健身效果落后于预期，就立即查找原因，是锻炼频率不足，饮食结构有误，还是教练方法不当，然后再进一步分析，锻炼频率不足是因为工作太过繁忙，还是健身费用过高，直至找到问题的症结，并对症下药，以帮助健身者获得健康身体，取得长期效果。同时，健身房也可以从健身者中挑出身体指标变化轨迹的榜样，请他们分享健身心得，推广健身技巧，共同探讨符合个体特征的健身方法。这种做法的最终结果，通常是老会员的黏性不断增强，新会员的满意度不断提高，健身房的经营会形成越来越好的良性循环。

　　可见，成功的健身行业商业模式，能够吸引消费者愿意接受并保持持续锻练的频率，能够让消费者在"吃"和"练"之间取得平衡，能够让消费者愿意请教练指导练习，并且成功的商业模式还可以降低消费者的健身预算，提升其健身的性价比，让消费者满怀愉悦地持续消费。

第 二 章

由高成本低收益到低成本高收益

——构建餐饮业的成功商业模式

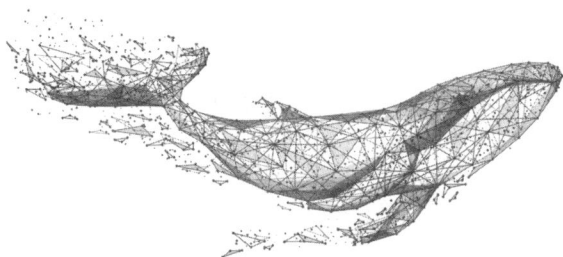

我们所生活的世界，千姿百态，精彩纷呈。

在市场上，有些行业的变化很少，比如房地产业，他们持续经历相似的过程——拿地、挖地基、结构施工、内外部装修、销售，可能随着建筑工艺的改进，操作细节会有所改变，但主要环节变化不大。

有些行业的变化日新月异，比如互联网行业。在生活服务与互联网深度融合的大潮中，BAT（百度、阿里巴巴、腾讯）成长为几乎无人撼动的互联网三巨头，其他在交通、餐饮、旅游、生活服务行业中的知名企业，一一被 BAT 收入麾下。腾讯的用户、阿里的电商、百度的搜索，三大巨头基于各自的专长和起源，正在布局更广阔的商业体系，让自己的资源运用更加灵活，更加相得益彰。

BAT 的成功并非偶然，通过观察他们的共同特点，我们可以发现，BAT 的成功均植根于"国际潮流"和"本土元素"的融合之中。他们学习国际上的成功企业，并结合中国的本土环境，让自己的发展之路越走越宽。在成长过程中，阿里巴巴借鉴 eBay（易贝）和 Amazon（亚马逊），百度学习 Google（谷歌），腾讯对标 Facebook（脸书），企业规模扩大以后，又积极参与国际竞争，走上国际化、全生态发展的道路。紧跟或引领国际潮流，让 BAT 快速成长为国际一流的企业；结合本土元素，让 BAT 在中国的大市场中游刃有余，让自己的产品受更多人的追捧。互联网行业一直处于"日新月异"的竞争环境中，企业要做的是"快速＋良好"，在前进中改良，在磕碰中进步，摸着石头过河，而非追求"缓慢＋完美"，不能因为追求完美而错过产品的最佳上市时间，要让产品在使用中不断更新完善。否则，自己一直沉浸于精准研发的过程中，同类产品已在市场上试用、改进、"圈粉"，等你上场时，已经是后来者，而用户已经形成了使用习惯，时代潮流已把你狠狠地甩下，进入了新的阶段。

我们把经常变化的行业定义为"日新月异"类行业，互联网行业是此行业的代表，其他典型成员还有餐饮业、影视业等。下面，我将以餐饮业为例，详细说明如何构建"日新月异"类行业的盈利模式。

一、人们再熟悉不过的餐厅

说到餐厅，你不会陌生。一日三餐、朋友小酌、家庭聚会、宴请招待，很多人基本每天都去餐厅。

餐厅，人们再熟悉不过了。

1. 五花八门、特色各异的餐厅

我们经常接触的餐厅，可以分为高、中、低档。

说到高档餐厅，我们可以联想到典雅的环境、熨烫平整的桌布、精美的餐具、装饰着鲜花缎带，以及身着礼服的服务员。高档餐厅以西餐馆最为常见，名副其实的高级餐厅更是凤毛麟角，除了环境的高雅之外，高级餐厅在食材、烹饪手法、摆盘方式、用餐要求、餐具配置、菜单用词、服务理念、餐厅文化等方面都下足功夫。当然，与之对应的是极为高昂的价格，人均消费至少千元以上。

中档餐厅的范围比较广泛，例如源于台湾地区的鼎泰丰、瓦城泰国料理、鹿港小镇，源于香港地区的稻香、翠华茶餐厅，还有川菜俏江南、上海菜小南国、浙江菜张生记、海底捞火锅，等等。这类餐厅的消费群体比较广，从知名公司高管到在校学生，都可以成为他们的顾客。同时，这类餐厅可供顾客选择的菜品也非常丰富，基本都可以达到上百个。因点餐差异，中档餐厅的人均消费主要集中在100~500元之间。

对于低档餐厅，本书指的主要是快餐类餐厅，而非根据用餐价格来评定。我们最常见的快餐店，包括西式的麦当劳、肯德基、汉堡王，中式的真功夫、庆丰包子、家有好面，等等。快餐店以速度、价格、便利性取胜，一般限定20种左右的餐品种类，随点随取随吃，简单填填肚子，可能十几元就能解决。

不同档次的餐厅，经营之道也大相径庭。本章所讨论的餐厅商业模式，主要指上述中档餐厅的商业模式。

2.餐饮业受网络技术的影响相对较小

在互联网时代，很多线下的商业活动可以转到线上，或者线下和线上并进，而餐饮行业，作为一项体验性极强的活动，受互联网的影响相对较小。

餐厅的档次越高,体验性越强。例如,要享用一顿真正的法式大餐,必须到法式餐厅里静静坐下,按照规定顺序使用各种餐具,慢慢品味各道美食,才能真正体悟到法餐的精髓,因为美食不仅是一种享受,更是一种艺术、一种文化。对于肯德基、麦当劳等快餐厅来说,以堂食、打包带走或外卖等不同方式用餐,差别不是很大。互联网技术对餐饮业的影响主要有两个方面:

(1)推动外卖市场越来越红火

互联网与餐饮业结缘以后,尤其是 2014 年二维码技术实现支付功能之后,外卖市场迅猛而蓬勃地发展起来。从表面上看,外卖的出现在一定程度上拓展了门店的覆盖范围,能够吸引到更多的消费者,而实际上,外卖平台的兴起也助推了餐饮业的结构重建。例如,在没有外卖的年代,餐厅距离办公楼或住宅区越近,会因为地理优势而带来更多的生意;外卖平台出现之后,只要距离不太远(如三公里以内),哪家餐厅更近变得不那么重要了,菜品丰富、味道好、价格公道成为最重要的竞争能力。那些地段优越、房租较贵,但菜品质量不高的餐厅,逐步被较大区域内"菜美价实"的餐厅所取代。

外卖的流行与互联网技术发展有关,也与"85 后""90后"新消费群体占比的大幅增长有关,他们追求并享受便捷、快速的消费方式。

（2）提升口碑越来越重要

互联网技术的发展大幅提高了沟通效率，打破了"口口相传"的传播路径。在互联网出现之前，我们的传播与沟通主要通过见面聊天、电话互通等方式实现，且通常只发生在熟悉的人群之间。互联网，特别是移动互联网出现之后，其传播速度快、传播范围广的特点愈发明显，传播与沟通跳出了人际关系的限制，陌生人之间依然能够实现口口相传。一道美食，可以在几天内成为"网红"；一桩丑事，也可以在几小时内众人皆知。互联网带来的高效沟通，让好的产品越来越叫座，让差的产品迅速远离人们的视线。因此，做出美味的菜品、做好上乘的服务，以餐厅的"价值"赢取餐饮平台（如大众点评）上的点赞量和人气排名，才是餐饮业的生存之道。

相比其他行业，餐饮业受互联网的影响较小，但也难免受到新进入者的冲击。新进入者主要是非餐饮企业的跨界经营，例如宜家开设餐厅、无印良品开设 MUJIDiner 餐堂、永辉超市开设鲑鱼工坊、盒马鲜生里的厨房等，又如仅仅利用社交软件在北京地区快速走红的"叫个鸭子"（主打秘方烹制的鸭子和双黄蛋，通过网络下单配送），通过微博轻松召集全球"粉丝"大会的中式快餐"黄太吉"（主打煎饼果子、手工油条、豆腐脑等传统美食）等。近年来，各个投资机构也热衷于餐饮业，例如 IDG 投资喜茶，今日资本投资西少爷肉夹馍等。

上述跨界经营者和投资机构热衷的对象主要集中在快餐领域，与我们所要讨论的中档餐饮业属不同的级别。

二、"民以食为天"为何无法成为餐厅的护身符

我们常说"民以食为天"，餐饮业有与生俱来的大市场，消费者众多，而且重复消费的次数也很高，这是餐饮业独有的生存优势。当然，我们也要看到祖国各地消费者的口味不同，餐厅数量多且主营菜品高度重叠，市场竞争非常激烈，这就容易造成餐厅成本和周转率不相匹配。

下面几种现象值得我们餐饮业经营者深入思考研究，走过这几个"坎"，再迈上几个台阶，就可以让我们的餐厅开遍大江南北，每天宾客盈门，从而实现低成本高收益。

1. 餐厅平均寿命短

从餐饮业的规模增长来看，2012 年餐饮行业的收入是 2.3 万亿元，到了 2017 年，总体收入为 4 万亿元，平均每年增长 12%。从日常生活经验来看，非节假日期间，即使大型商场里空空荡荡，位于其中的餐饮店却依然人头攒动。

在北上广深等大城市，居民收入水平较高、生活节奏较快，餐饮消费额都非常高。但是，我们也注意到，一二线城市店面租金高，人力成本和原材料成本也比较高，餐饮行业竞争激烈，利润空间被一再压缩，经营状况也并不乐观。从美团点评的数据来看，上述四大一线城市的合计餐饮店数量约为 60 万家，虽然每月新开店的数量超过 3000 家，但每月关门的餐饮店数量超过了新开店，有时甚至达到 5000 家，餐厅门店易主现象更为频繁。公开数据显示，中国餐厅的平均寿命为 2.5 年，而美国餐厅的平均寿命是 5 年，日本餐厅的平均寿命是 8.8 年。

2. 各地民众的饮食习惯差异大

我国幅员辽阔，各地民众的生活习惯、饮食偏好等方面有很大的差异，在某个城市生意火爆的餐厅，开到另一个城市或许就门可罗雀。与其说餐厅有优劣之分，不如说餐厅有"适合"和"不适合"之分。

上海人对餐饮的喜好可以用"鲜"字来概括，尤其是口味好"鲜"，餐厅喜"鲜"。

无论海鲜、河鲜、腌笃鲜（由鲜肉、咸肉、春笋慢火煨煮而成），吃到"鲜得眉毛掉下来"时才特别满足。上海因地理位置、经济发展水平的关系，海鲜的价格远高于福建、山东等地的沿海城市，但是上海人很舍得为海鲜买单，花费高昂的费用在所不惜，而且常吃海鲜也成了身份的象征。新婚宴请时，餐桌上若是有一份龙虾，给宾客的印象将瞬间提升一个档次。阿里巴巴经营的"盒马鲜生"，2016 年年初在上海开设第一家门店以来广受欢迎，尤其是现场售卖加工的海鲜类产品，在晚高峰或节假日时段，经常可以看到排队购买的现象。

上海人喜欢花样翻新，对于"吃"也不例外。最典型的例子是在 2005 年突然兴起的"土家烧饼"，到 2006 年年初就销声匿迹了。曾经排着长队购买的两元一个的烧饼，虽然脆中带韧、香中带麻的口感犹在，但依然逃不脱"来也匆匆、去也匆匆"的命运。

同样，在中档餐厅领域，因为上海人的"喜新厌旧"，风靡一时的热门餐厅很容易被新进者抢了风头。在上海，不仅有小肥羊被小辉哥战胜的故事，更有"赵小姐不等位"等餐厅起起落落的"剧本"。在上海经营餐厅，一定要密切关注顾客"脸色"，如果哪天顾客开始皱眉了，就要谨慎寻求菜品升级翻新了。

再来看看北京人对餐饮的喜好。北京人的饮食喜好受到古都特色的影响，相对于上海人的"鲜"，北京人更追求"老"。

相信"老字号"餐厅。一般上海人对老字号的印象是国营企业、不重视服务、装潢老旧，觉得老字号没有新餐厅的"鲜味"，但北京人不这么想，他们相信老字号的生命力，相信那一道道千锤百炼、风格独树的名菜佳肴，迷恋代代相传下来的菜品魅力。东来顺（火锅）、全聚德（烤鸭）、都一处（烧卖）、鸿宾楼（清真）、小肠陈（卤煮）等，都是历经百年考验的老店，现在仍是门庭若市，顾客赞赏有加。

青睐"老一代"食物。让北京人说起自己喜欢的菜品，涮羊肉肯定能成为大多数人的选择，尤其是隆冬腊月，窗外白雪皑皑，屋里热气腾腾，热热闹闹地呼朋唤友，聚在炭火铜锅边，大口吃肉，大口喝酒，人们非常享受这种围炉大啖的市井乐趣。北京人钟爱的另一道当家菜是烤鸭，老北京人甚至熟悉不同店家的火候功夫，享受便宜坊焖炉烤鸭和全聚德挂炉烤鸭因制作工艺不同而带来的不同口感，也欣赏不同于传统烤鸭鸭皮"又酥又脆"特色的大董烤鸭——鸭皮口感"酥不腻"。

既然不同地区消费者对的餐厅类型及菜品口味的喜好大相径庭，同样的餐厅、同样的口味，可以在一个地区瞬间成为"网红"，也可以在另一个地区惨遭关门的"厄运"。可见，标新立异未必成功，投其所好才是正道。

3. 高成本与低周转率不匹配

经营一家餐厅，主要有哪些成本支出？除了前期的店铺装修、设备采购、加盟费用等固定成本，可变成本包括店铺租金、食材采购、人员工资、广告宣传、水电燃料费用，等等，其中以店铺租金、食材采购和人员工资占比最高。

首先来看店铺租金，对不同餐厅而言，这部分成本占营业收入的比例差异很大。餐饮行业经营者普遍认为，最大的压力来自房租，而不是客流。经验数据表明，对于毛利率较低（如中大型餐厅，毛利率约50%）的餐厅，租金和营业收入比例的红线是15%~20%；对于毛利率较高（如快餐类餐厅，毛利率约 70%）的餐厅，租金和营业收入比例的红线可以提升到 30%。

公开数据显示，上海等一线城市购物中心的首层商铺租金已超过 1000 元 / 平方米 / 月，而成都等新一线城市购物中心的首层商铺租金也已经超过 500 元 / 平方米 / 月。以位于上海市繁华地段的购物中心首层 300 平米商铺为例（一般而言，一家中档餐厅的面积约 300~500 平方米），每月租金就有 30 万元，参考租金和营业收入比例的红线为 20%，该餐厅每月的营业收入要达到 150 万元，月坪效高达 5000 元 / 平方米，对于多数餐厅而言，这是一件比较困难的事。

除了固定的高租金，还有一种情况也时有发生，餐厅的房租还会随店铺生意的好坏而变化。当店铺生意好的时候，一旦租约到期，房东很可能趁机大涨房租，这也使餐饮人不堪重负。

其次来看看食材采购，从经验分析来看，这部分成本占营业收入的比例为 20%~25%。

从菜品选择种类的角度看，大部分中大型餐厅的菜品种类明显多于快餐店，因此，对于菜品种类较多的餐厅而言，他们在食材储备方面就需要付出更多的成本。例如，A 餐厅可供顾客选择的菜品有 100 种，B 餐厅可供顾客选择的菜品是 10 种，假设两家餐厅的备货总量是一样的，A 餐厅食材采购时会花费更多的人力，也会因为消费者点多点少的变化性而造成较多的浪费。举一个极端的例子，假如 A 餐厅仅提供 1 种菜品，他在食材储备方面的重点是控制好每天的用餐总量；B 餐厅提供 100 种菜品，他除了要控制好每天的用餐总量之外，还要考虑和调整每个菜品的配比，难度系数无疑要提升很多。

经营成本中占比较高的，还有一项是人员工资，从实际经验来看，这部分成本约占营业收入的 20%。

餐厅的上述成本中，确实存在可削减的部分，主要集中在食材采购和人力成本方面，但是目前大量餐厅还拘泥于原有的经营思路，主动调整成本结构的并不多，后文将会给出控制餐厅成本的具体方法。

餐厅的房租、食材采购、人员工资等成本，即使你一天没有接到一单生意，也要照样支出；如果你接到的生意数量越多，均摊下来的成本就会越低。由此可见，当成本相对固定时，餐厅的盈利情况就依赖于周转率了，但是从目前大部分餐厅的经营情况来看，与高成本相比，周转率普遍较低。

三、开源节流，立足于餐厅之"流"

　　要在数量种类繁多的餐厅中脱颖而出，确实非常不易，但又并非"不可能的任务"，我们生活中处处可见顾客排队等位、经营有方的餐厅。成功的餐厅，无非是在支出和收入方面达到了平衡，也就是同时做好了成本控制和客流招揽。

　　要提高餐厅的利润，可以从开源和节流两个方面入手。开源，要有强大的营业收入作支撑，而营业收入的多少取决于餐厅周转率的高低，以及客单价的高低，同时周转率的提高又等于变相降低了租金成本。节流，就要降低成本支出，主要是降低食材采购的成本，当然这不是要让你采购低劣的食材或少储备食材，而是要经过科学精细的数据计算，让每种食材的采购储备达到最优化配置，既能充分满足每天的经营需求，又最大程度地减少浪费。依托先进的大数据和云计算技术，我们可以为自己的餐厅建立一个区分不同时段、不同地域的食材采购模型，并不断丰富完善，在精打细算中降低成本率，提高盈利能力。

或许有人会说，开源和节流，说起来容易做起来难啊，怎么才能实现呢？对餐饮业而言，开源和节流，都有办法实现。

餐厅经营者众多，有的赚得盆满钵盈，有的连续亏损，直至倒闭，每一个案例的成败都有其必然性。在当今餐厅经营的大环境之下，哪些方法能提升经营成功的概率呢？

在日新月异的餐饮业，让开源和节流两把刷子一起舞动，才是实现餐厅盈利的不二法则。

1. 以本地特色结合国际潮流，让模仿与试错分离

开设一家新餐厅时，不少老板都会想，如何做出与众不同的特色来吸引消费者？新奇的菜品确实有一定的成功概率，但新奇的菜品如果没有"心意"、没有内涵，很容易昙花一现，被淹没在更多的后来者之中。于是，老板们总觉得自己店里的菜不够新奇，菜品不够多样，导致顾客没有选择，解决方案就是不断尝试新品，不断投入试错的成本，在不知不觉中陷入一个怪圈。

事实上，那些广受欢迎的令人眼红的"老店"，其所提供的佳肴都是经过千锤百炼的，而不是随意变化的，即便不

是祖传秘方，也是十几年、几十年不断传承改进的。一个菜品经过数代传承，才能保证品质，才能拥有自己的口碑和拥趸，让顾客有绝对的忠诚和认同。人们对食物具有味道记忆力，也就是说，"新"未必好，而"旧"未必不好，人们对于认可的味道会一直追捧下去。

举一个大家熟悉的例子，可口可乐始创于1886年，是一种非常普通的碳酸饮料，它能够畅销百年，销往全球一百多个国家和地区，并不是因为它有多高的技术含量，而是它的"口味"。"口味"是可口可乐真正的秘方，美国人认为可口可乐的配方就是美国精神，就是美国文化，这是一种情怀，是精神成长的历史。

由此可见，开设一家新的餐厅，重在找到对的味道，找到对的形象，选定对的顾客群体，而不是一定要靠新奇胜出。

作为"日新月异"类产业中的一员，餐饮业的时间是生命，质量是根本。也就是说，开设一家新餐厅的捷径在于，找到市面上受追捧的已被市场验证成功的较高层次的餐厅类型或菜品特色，做到口味相似但价格略低，或者嬗变出别具一格的特色和风格，给顾客以深刻印象，在目前的市场环境下肯定可以生存发展下去。

再举一个 OICQ 的例子。

1996 年，三位以色列人合作开发出一种让人在互联网上快速交流的软件，并取名为 ICQ（I SEEK YOU）。ICQ 支持在线聊天、发送消息、传递文件等功能，并因其实现了即时通讯交流，使得用户数量快速增长。1997 年，腾讯公司创始人马化腾接触到 ICQ 并成为其用户，他发现了 ICQ 的实用性，并与张志东一起用数月时间开发出符合中国用户习惯的 ICQ 类产品——OICQ（后改名为 QQ），一直活跃至今。通过模仿来吸取已成功者的经验，不失为创业者的良策。

让我们具体来说说餐饮业中模仿成功的实例。

如何以国际潮流为先，以本地特色为本，将国际潮流元素引进到本地特色中？如何降低试错成本且不影响美食体验？

星巴克、瑞幸咖啡与 BAKER&SPICE

BAKER&SPICE 是西式简餐连锁餐厅沃歌斯（Wagas）旗下品牌，Wagas 旗下有 Wagas、Bistrow 以及 BAKER&SPICE 等多个品牌。美国 BAKER&SPICE 的历史可以追溯到 1995 年，而我国大陆地区首家 BAKER&SPICE 于 2010 年 1 月在上海安福路开业。BAKER&SPICE 专注于咖啡、手工面包和蛋糕，以及沙拉、意大利面等餐点，并提供从澳大利亚、新西兰、西班牙、法国、奥地利和意大利进口的精选葡萄酒。

BAKER&SPICE 这一国际品牌，以其与生俱来的国际潮流，结合中国的本地特色，近年来的规模越做越大，门店越开越多。它的名气虽然不及星巴克那么响亮，它的受众虽然不及普通面包店那么广泛，但 BAKER&SPICE 的商业模式，与星巴克和普通面包店有几分相似，却又有明显改变，它有望创造最可观的盈利表现。

生活在上海的人们，或许是全国接触咖啡最早的一群人。国际大都市的氛围、沟通交流的场所、提神醒脑的佳品，各种因素让上海的消费者爱上咖啡。

说到咖啡，知名度最高的品牌非星巴克莫属，但是星巴克咖啡的价格较高，消费者渴望便宜好喝的咖啡。很多消费者喜欢喝咖啡时搭配蛋糕和面包，但是星巴克蛋糕和面包也很贵，其他好吃便宜的面包房却又不提供咖啡。

如果有一家店把产品和服务做得比星巴克更好，而价格和星巴克一样，甚至比星巴克低一点，那么这家店的成功指日可待。或许，这就是 BAKER&SPICE 的最初想法，把国际潮流结合到本地特色中，先从商品种类和商品品质开始，学习星巴克的"五星级"品质和服务，再让商品价格尽量"亲民"，能被更多的本地消费者所接受。其实，这种猜测从 BAKER&SPICE 的选址就可见一斑，我们经常看到 BAKER&SPICE 与星巴克"并肩作战"，例如上海火车站地区的 BAKER&SPICE 与星巴克就在同一屋檐下，BAKER&SPICE 向星巴克"宣战"的意味不言而喻。

BAKER&SPICE 如何解读"本地特色"，并将本地特色的理念融入到商业模式中呢？

BAKER&SPICE 的选址一般都在核心城市的核心区域，基本上均位于大型写字楼附近，或者直接设在写字楼楼下。由此可见，BAKER&SPICE 的目标客户主要是白领阶层。

BAKER&SPICE 不仅提供咖啡和面包，还有轻食类正餐，并且覆盖早中晚三餐。为什么 BAKER&SPICE 的餐品受到上班族的青睐，常常能看到店铺内消费者接连不断？这就要从 BAKER&SPICE 如何创造和引领消费者的本地特色说起。

先说说早餐。

国内上班族对早餐的需求是什么样的？

BAKER&SPICE 如何向消费者提供早餐？

很忙，很累，没有时间……随着生活节奏的加快，城市中的上班族常常这样形容自己的生活。于是，我们晚睡晚起，掐着上班的点儿出门，忍受拥挤的地铁或公交，快步走进办公楼。看看离打卡时间还有 10 分钟，赶紧在办公楼下买上一份早餐，以开启"能量满满"的一天。类似的画面，我们大部分上班族都非常熟悉，而且也体现着快节奏城市生活的本地特色。

如果说茶是东方的代表，那么咖啡就是西方的象征。随着生活水平的提高，咖啡这一国际流行的饮料早已在中国深入人心。对有些上班族而言，一杯咖啡是早餐的必选内容之一，一日之晨从咖啡的香气中开始，倦意被驱赶，工作动力由此而生。另外，还需要搭配一份固体餐食，如面包、蛋糕、饭团，以犒劳饥肠辘辘的自己。

BAKER&SPICE 的策略——将国际潮流与本地特色相结合，恰恰满足了国内城市上班族的基本需求。在店铺选址上，一般都在办公楼下，满足了上班族"购买早餐的距离不要太远"的需求，购买后可以直接把早餐带到办公室享用。在餐食提供上，咖啡搭配面包轻食，商品质量上等，价格中等，让消费者感觉能够接受。

就咖啡和蛋糕、面包而言，BAKER&SPICE 的销售策略对上班族极具吸引力，一杯咖啡 30 元左右，与星巴克的价格和品质类似，但只要在上午 10 点之前购买咖啡，消费者就可以任意选择一款 15 元以下的面包，买咖啡送面包。

买了 BAKER&SPICE 的咖啡，不用再单独购买填饱肚子的早餐，买了早餐，就可以直接坐电梯进办公室，对上班族而言，这样的组合简直是完美！

再来说说正餐。

BAKER&SPICE 提供轻食正餐，例如沙拉、意大利面等，门店内的座位设计简洁，在舒适度和空间利用率之间做到了均衡。对上班族而言，能就近吃到性价比比较高的正餐，也是一种职业优势。

所以在 BAKER&SPICE 门店里，我们经常可以看到点餐处人头攒动，因为它的美食，也因为它的经营模式。

引领国际潮流的星巴克，其消费主体是追求"轻奢"的中高层收入者，而体察本地特色的 BAKER&SPICE，其消费主体能在中高层收入者的基础上继续向下延伸。"国际范儿"星巴克卖的是格调，而 BAKER&SPICE 卖的是性价比。BAKER&SPICE 同样选用上乘的咖啡原料，能和星巴克咖啡相媲美，然后通过味美但价格不贵的蛋糕和面包，与星巴克区隔开，更在早餐时段提供"买咖啡送面包"的优惠。

2017 年 11 月，第一家瑞幸咖啡门店开业了，不久之后，消费者们注意到，有一家蔚蓝色调的新晋咖啡品牌，以闪电般的速度攻占了一二线城市商业区。无论是办公楼户外广告、电梯广告，还是微信朋友圈，都能看见瑞幸咖啡的代言人——汤唯与张震，笑容可掬地向你传递着这家咖啡店的"不一样"。

瑞幸咖啡采取"互联网＋零售"的运营模式，门店只提供 App 线上下单和支付，消费者通过 App 下单选择咖啡口味，然后选择外带或者堂食；更多的情况是，消费者在办公室或家里通过 App 下单，然后由外卖送货上门。

瑞幸咖啡定位于中国人自己的高品质商业咖啡，前期主要在北京、上海等一线城市商务区开店，同时进行真正的网络化（通过 App 下单，可自提也可外卖，以外卖为主）布局。创业至今的短短一年多时间内，瑞幸咖啡在国内 22 个城市布局门店 2000 多家，实现快速布局、多个点位、高密度覆盖，以搭建起作为核心业务的外卖产业链，成为一家网红咖啡品牌。

瑞幸咖啡从成立之初便喊出"用性价比打败星巴克"的口号，瑞幸咖啡团队强调，其打败星巴克的核心模式在于性价比，因为国内消费者最注重的就是性价比。实践证明，瑞幸咖啡的许多店面选址就在星巴克边上，每到一处几乎都会让星巴克的销量受到影响。

瑞幸咖啡看到星巴克在咖啡领域引领的国际潮流，也看到国内咖啡价格贵、购买不方便等特点，于是在咖啡产业的商业模式上结合本地特色，做出了创新。

当然，瑞幸咖啡叫板星巴克的底气主要是咖啡品质好：

咖啡豆选用阿拉比卡咖啡豆，而且坚持新鲜烘培、新鲜现磨；

咖啡机选择瑞士顶级设备，如雪莱 Schaerer 等；

咖啡师聘请世界咖啡师大赛（WBC）的冠军团队，其首席咖啡大师 Andrea Lattuada 是 WBC 的意大利冠军。

在保证品质的基础上，瑞幸咖啡的价格较低，其价位以 20~30 元为主，试营业期间买一送一、买五送五，直接挑战星巴克 30~40 元的价位。相对实惠的价位，再加上大师出品的咖啡，以及影视明星代言，吸引了众多用户的目光。试营业期间，除了买一送一、买五送五之外，还推出了新用户首杯免费、邀请新用户双方各得一张大师杯咖啡抵用券等活动，重点是推广线上用户，铺设外卖业务的产业链。

传统咖啡店的特点是依靠店面空间以及"小资"格调，售卖价格较高的咖啡；超市里的咖啡虽然价格比较低，但是种类比较少，品质也比较一般。瑞幸咖啡的商业模式——通过外卖降低租金、人员等成本，但品质又不输给高档咖啡品牌，也就是把所节约的成本返还到咖啡消费者身上（因为售价较低），正在不断打破国内咖啡市场的"性价比"壁垒。

蟹道乐与蟹的冈田屋

在前文中，我们提到上海人的饮食喜好"鲜"，对于海鲜，愿意承担比肉类更加昂贵的价格。面对同样档次的餐厅，中餐、西餐和日本料理，一般情况下日本料理的价格是最高的。

如果你要开一家日本料理店，一个行之有效的办法是，把日本经营最红火的店铺复制过来，包括门脸、菜品、服务等国际潮流，然后根据本地消费者的需求略加改变，就可以坐等消费者蜂拥而至。

举例来说，蟹的冈田屋是一家蟹主题餐厅，主打活蟹和活海鲜，食材地道，摆盘精致，刺身、煮食、烤食、沙拉、寿司等均围绕"蟹"这个主题。冈田屋在日本料理界有口皆碑，2015 年在上海开业以来，深受消费者好评，工作日中午的上座率都排名前列。

蟹的冈田屋是怎么做到的呢？

还没走进冈田屋的店面，就先会被一只大大的螃蟹模型所吸引，你瞬间想到了什么？是的，就是它，日本大阪道顿崛美食街的蟹道乐。对于日料迷而言，冈田屋的门店形象绝对加分，因为大螃蟹所代表的就是国际潮流。

步入冈田屋店内，日系餐馆的感觉十足，日式灯笼、日式垂帘、日式餐具、日式服务、"Q版"雪蟹……这一切，是否让你有置身于大阪料理店的感觉？要的就是这种效果！让酷爱海鲜的上海人感到"一屋子的鲜味"。

同时，店面内放置透明的海鲜水缸，给消费者的感觉是每一样海鲜都是鲜活的，国际潮流也是如此。

在引入国际潮流元素的同时，冈田屋同样注重本地消费者的餐饮需求。

国内消费者偏爱热食，而日料中许多螃蟹的吃法为温凉式，例如刺身、寿司、沙拉等。为了适应国内消费者的餐饮习惯，冈田屋把螃蟹做到火锅里，创意了一款"雪蟹纸火锅"。新鲜的雪蟹在火锅中涮过之后，蟹肉顺滑，味道鲜美，而且在涮雪蟹的过程中，汤底吸收了雪蟹的鲜味，再涮蔬菜时，蔬菜也变得特别鲜美。

很多南方消费者，一顿正餐中若是没有米饭的加入，就觉得"没吃饱"。针对这一特点，冈田屋贴心地推出"蟹的泡饭"，当消费者享用完雪蟹火锅后，服务员会用火锅中的蟹汤烹饪一碗蟹肉泡饭，让消费者饱餐尽兴、心满意足。

随着移动互联网技术的发展，国内很多年轻消费者渐渐形成"一部手机走天下"的消费习惯，出门后一切基本需求都能通过手机实现，例如选店、点餐、付账等。冈田屋结合这部分消费者"一机通"的需求，提供微信点餐服务，消费者只要扫一扫桌面上的二维码，就能轻松点菜下单，让美味自动跑到桌上来。

上海本地的消费者爱海鲜，也爱热食、米饭……将日本料理这一国际潮流按照本地顾客的需求改良后，能够与本地消费者的喜好一拍即合，让消费者成为忠实"粉丝"，这就是冈田屋的成功之处——先模仿日料店的外在与内在，再结合本地消费者的需求轻松移植。

古意湘味浓与十食湘

再来看看两家相似程度较高的湘菜馆。

古意湘味浓是一家风格古朴的湘菜馆，具有比较典型的湖南地域特色，它于 2001 年在上海富民路开了第一家门店。古意的菜品精致，将湘菜的"辣"略作改良，深受顾客喜爱，消费者中既有上海本地人，也有外地人和外国人。作为一家口味传统的本地餐厅，能让外国人感到唇齿留香，确实有其成功之道。

2014 年 11 月，十食湘在上海的静安寺地区开了第一家门店。十食湘隶属于瓦城泰统集团，瓦城集团于 1990 年在我国台湾地区成立，旗下有瓦城泰国料理、非常泰、大心、1010 湘、十食湘、时时香六大品牌，前三者是泰国菜系，后两者是湘菜，最后一个是米食特色餐厅。瓦城集团于 2010 年前后派厨师到上海，向知名的湘菜师傅学习，并在台湾地区创立 1010 湘，2013 年正式进入大陆市场后，先是引入瓦城泰国料理，接着又创立十食湘品牌。

十食湘的菜品与古意湘味浓有诸多相似之处，或许瓦城集团正是看到古意湘味浓在上海的受欢迎程度，才结合自身经营 1010 湘的湘菜功夫，加上自身对泰国菜、东南亚菜系的多年积淀，展现出对国际潮流的独特解读，迅速打开上海餐饮市场，成为上海众多湘菜品牌中的佼佼者。

从古意到 1010 湘，再从 1010 湘到十食湘，湘菜这一地方菜系，经过厨师工匠之手，忠于传统却又超越传统，把美味的本地元素发扬光大，让中国的传统菜系迎接更多的创新，同时在上海这个国际大都市中体现出更多的国际潮流，吸引更多的外国食客。

上述以本地特色结合国际潮流的餐厅案例，其成功的根源在于管理者的观察力和洞察力，观察力是指能够看到国际流行的饮食潮流，洞察力是指能够把握本地消费者的饮食习惯，并在此基础之上，将本地特色结合国际潮流，减少试错成本，高效地开拓餐饮市场。

2. 提高周转率，降低餐厅成本

前文中提到，要提高餐厅的利润，可以从开源和节流两个方面来动手。开源，有赖于提高餐厅的周转率或客单价，增加营业收入；节流，则要降低成本支出，主要是食材采购成本。

关于餐厅的周转率和客单价，一般有这样的规律：对于比较高档的餐厅，客单价自然高，但消费者用餐通常会持续很长时间，很少有外卖生意，周转率比较低；对于中低档餐厅，客单价要低很多，消费者用餐的时间也较短，外卖生意也有很多，周转率比较高。对于我们大多数中低档餐厅来说，虽然单品利润不高，但可凭借快速周转，创造较高的总利润，正所谓薄利多销。

最完美的状态是，客单价很高，周转率也很高，创造越来越高的营业额。当然，这种完美的状态基本上不会存在，你作为一家中档餐厅，应该如何取舍，如何做出行之有效的应对方案？

要降低餐厅成本，主要有两条途径：一是降低每位消费者的租金成本，二是降低每位消费者的材料成本。具体应该怎么实现呢？我们来看下面的案例。

两岸咖啡的经验

两岸咖啡是一家咖啡西餐连锁品牌，由我国大陆和台湾地区投资商联合创立，于 2003 年在杭州开设了第一家门店，之后又陆续开设了卡卡国王牛排餐厅、两岸铁板烧、木之兰怀石料理等餐饮连锁品牌。

两岸咖啡这一品牌名称的初衷是"促进海峡两岸的商贸合作"，两岸咖啡希望通过餐厅模式为消费者搭建起沟通平台，扮演桥梁的角色，他们的服务场景是商务会谈、朋友聊天、情侣谈心等。

作为一个沟通平台，两岸咖啡力求让消费者感受到家的温馨，成为公共的客厅。为此，在餐厅设计方面，两岸咖啡尽力营造舒适的氛围，大量沙发卡座出现在门店中。

为了能够让消费者感受到家的温馨，成为大家的公共客厅，两岸咖啡在消费者入座后，先送上一杯热茶，消费者慢慢地品茶、悠闲地聊天，然后再非常惬意自然地进入点菜环节。

　　至于菜品，两岸咖啡秉承了台湾地区一贯的精致特色，以咖啡西餐为主，又在中餐、日本料理的基础上融合创新，菜品林林总总，共有 100 种左右。

　　如此舒适的就餐环境，如此丰富的就餐选择，是否能为两岸咖啡带来丰厚的利润呢？

　　事实上，两岸咖啡的门店大部分集中在江浙一带，在全国的知名度并不高，盈利状况也不是特别乐观，分析原因主要有三个方面。

　　第一，作为中档餐厅，两岸咖啡的客单价较低。我们把两岸咖啡归类为中档餐厅并不为过——他们定位于消费者交流平台，装潢精致温馨，座位舒适考究，但作为中档餐厅，他们的平均客单价较低，约 70~80 元。在他们的菜单中不乏"套餐"系列，比如西式套餐包括牛排、意大利面等，平均价格 100~200 元，中式套餐包含米饭、配菜、汤类等，平均价格仅为 40~60 元，这部分菜品拉低了客单价。

　　第二，餐厅周转率低，人均租金成本高。为了营造宾至如归的感觉，消费者入座后，他们先奉上一杯热茶，而不是入座后就直接进入点餐环节，喝茶的过程延长了消费者的在店停留时间，也增加了服务员沏茶、送茶等成本。设想一下，有些餐厅在消费者入座后送上一杯凉白开或柠檬水，这在服务品质上差距不大，但是对店面空间的占用情况却大不相同，消费者不会慢慢等茶凉，不会因为喝水占用点餐前的时间，也就不会延长在店时间，有利于提高店铺的周转率。

西式餐厅以座位舒适而闻名，座位舒适了，每个座位所占用的面积就变大了，所以在座位数量相同的情况下，西式餐厅的店铺面积要大于其他餐厅。大面积需求无疑提升了餐厅租金成本的压力，而在过去的十几年间，上海的店铺租金一直处于增长阶段，让经营者的租金成本雪上加霜。

在餐厅里，一般舒适的座位多由沙发组成，尤其是卡座形式的。以四人位沙发卡座为例，如果客人恰好是四个人，那么这个卡座的空间能够百分百利用；如果客人仅仅是一个人，他一人坐下后，另外三个空位就会闲置，因为四人卡座给我们的感觉是，熟人才会在这样一个小空间内共餐，陌生人之间不喜欢合坐卡座的尴尬。

同样，因为舒适的座位，消费者愿意在餐厅内停留更长的时间。消费者点上一杯咖啡或者一杯茶，就可以悠闲地在餐厅里聊天、思考；餐厅提供密密麻麻几十页的菜品，消费者就要仔细挑选，从而延长了点菜时间；有的消费者在用餐完毕后，可以停留在门店里看书、上网，甚至在笔记本电脑上处理工作。如此种种，都相应延长了消费者的在店时间，降低了店铺的周转率，无法稀释高昂的租金。

第三，备菜的品种越多，人均材料成本就越高。两岸咖啡采用中央厨房模式，提供近 100 种菜品，每个菜品的原材料都要分别准备，既占用储存空间，也不便于精确计算储备数量。另外，因菜品分散，每种原材料的采购量较低，难以形成规模效应，难以压低供应商的价格，也等于提高了原材料的采购成本。

多种食材分别准备，不仅提高了采购成本，也会因为食材配比或多或少而增加了边角料，产生了原材料浪费。每一道菜品要分开制作，对厨师的技术要求较高，还加大了工作量，增加了人力成本。比如，一个厨师"一次制作五份相同的菜"和"一次制作五份不同的菜"，后者的劳动量明显多于前者。

菜品种类越多，菜品质量也越难以控制。如果说对一种菜品的品质标准化管控需要付出一份的努力，那么对十种菜品的品质标准化管控，就要付出十份的努力。这样一来，不仅造成了人力资源浪费，还容易影响品质标准的健全，导致菜品口味、品质不稳定，从而影响餐厅的就餐体验。同时，菜品种类越多，消费者面对眼花缭乱的选择，要花更多的时间去研究、去判断、去选择，也就增加了消费者在餐厅的停留时间，降低了餐厅周转率。

成功的中档餐厅，经营核心就在于——菜品集中，好吃就好。对于上述提到的弊端，中档餐厅可以从以下两方面加以改进。

首先，提高周转率，降低消费者的人均租金成本，提升营业额。对于堂食的消费者，可以从座位舒适性和座位拼接两方面考虑。为了缩短消费者的停留时间，提高餐厅周转率，餐厅可以在一定程度上降低座位的舒适度，减少舒适型沙发座的数量，增加简易型餐椅的数量。这样做的结果，虽然牺牲了一些店面形象，但能从侧面帮助消费者"尽快"完成用餐，"尽快"离开餐厅。

餐厅的空间是固定的，为了在同一时间内给更多的消费者提供用餐区域，餐厅桌椅的配置组合是一件很有讲究的事情，直接影响着餐厅的空间利用率。

举一个例子来说，A餐厅的桌椅全部固定放置，小型的双人圆桌或卡座无法拼接成大桌子，较大的四人圆桌或卡座、六人圆桌或卡座无法拆开成小桌子。如果有两位消费者来就餐，但恰好双人桌没有空位，那就只能使用四人桌或六人桌。前文已经论述过，陌生人之间不喜欢同桌用餐，那么剩下的两个或四个座位就浪费了。

B餐厅的桌椅布置比较灵活，基本配置都是双人长方形桌，四人桌由两张双人桌拼接而成，六人桌由三张双人桌拼接而成。座位可拼接、可单独使用的弹性设计，能够最大限度地提高空间利用率，无论消费者的人数多少，只要店里有空位，都能随心安排，而且还能兼顾就餐时的私密性与互不打扰。

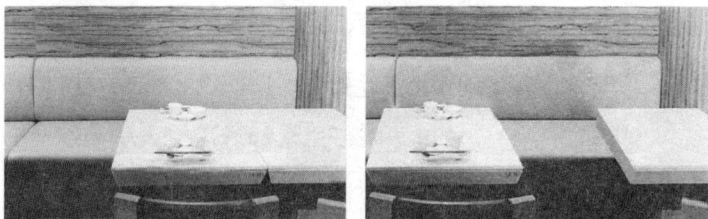

图 1　灵活的就餐桌椅提高餐厅空间利用率

如果有消费者单独就餐的情况，可以通过一张大长桌子，再加上若干把高脚椅来解决。会议桌似的长桌，类似吧椅一样的座位，好像就是专门为单人就餐设计的。

图 2　供单人就餐的高脚桌椅

提高中低档餐厅周转率的另一个良策是提倡外带，提倡外卖。消费者选择菜品外带时，餐厅可以提供适当的折扣；消费者选择外卖时，虽然餐厅需要向外卖平台支付一定比例的佣金，但是外卖能够在不占用餐厅空间的前提下提升营业额，绝对是一件两全其美的事情。

同时，要降低点餐的"难度"，也就是减少菜品选项，不要让消费者眼花缭乱，反复纠结于选择哪些菜品，这样做可以明显提升消费者的点餐速度，缩短留在店内的时间。

其次，食材标准化，降低厨师人工成本和食材储备成本。有的餐厅菜品丰富却不受欢迎，而有些餐厅仅有一道经典菜却经常早早售完。由此可见，餐厅是否受追捧，并非与菜品数量成正比，而是与其提供的食物价值密切相关。

在"少样多量"和"多样少量"之间，我们如何选择？

大心新泰式和西贝莜面村的借鉴

举一个大心新泰式面食的例子。

开设在上海市静安寺地区的大心面食，总共提供 5 款面食，且其中 3 款的用料非常相似。在这种"有限选择"的情况下，大心面食却受到广大食客的好评，靠的就是菜品"价值"。"少样多量"的策略有利于食材标准化，减少了食材储备中可能形成的损耗，也减少了厨师了劳动量，他们可以一次烹饪多份美食，提升工作效率。

又如西贝莜面村，虽然其提供的菜品有上百种之多，但"炝炒牛心菜"几乎是每桌必点。把一个菜品做成点餐率极高的"明星"，厨师可以一次炒出多份，以供应给不同的消费者，这无疑也减少了厨师的工作量。

王品的经验

再看看来自台湾地区的王品集团，他们经营的品牌包括王品台塑牛排、西堤牛排等。

王品集团成立于 1993 年，目前拥有 23 个餐饮品牌，超过 400 家门店（台湾地区直营店 267 家、大陆地区直营店 151 家、海外门店 2 家），员工多达 21000 余人。

经营如此众多的子品牌，如何保证菜品的稳定性？

管理如此庞大的员工队伍，如何提升团队效率？

王品集团的经营管理理念可以总结出很多内容，但是有一个撒手锏是共通的——每个子品牌的菜品种类有限，不断提升原材料和制作工艺的标准化，这就是王品集团提高周转率，降低餐厅成本的根本对策。

细看王品台塑牛排的菜单，其提供的菜品全部是套餐，每份套餐有 8 道菜，主菜的选择有 9 项，其他菜的选择最多有 5 项，饮品的选择较多。也就是说，除了面包、甜点和饮品，王品台塑牛排只需要准备 19 道菜品，就能完全满足消费者的需求。

无论是要降低每位消费者的租金成本，还是要降低每位消费者的材料成本，这些事情都要在开店之前想到，也就是所谓的"先成本观念"。先成本观念把"成本"想在开店前，即事先考虑所有的成本，了解各项成本为什么会发生，分别与哪些因素有关，有没有降低该项成本的空间和方法。对于这样的做法，虽然初期成本会比较高，但最后反而能使总成本最小化，创造最高的效益。

3.让高辨识度和低辨识度分离

挑选油盐酱醋等调料时，你最在乎什么？品牌、成分、包装，还是价格？

也许你会说，对于油盐酱醋的成分组成，普通人并不了解；产品包装一般和使用时的便捷程度有关，而且不同产品的包装差异不大；价格与品牌有关，但是价格高低好像并不能完全代表产品好坏。

说到最后，还是品牌最重要！

　　我们在电商平台或者超市挑选油盐酱醋时，最先注意到的就是自己喜欢的品牌，当然也有可能在两个钟爱的品牌之间，根据价格的对比来挑选。也就是说，油盐酱醋等产品本身的辨识度很低，一般人很难从"价值"角度去辨别，更多是从"品牌"角度区分不同产品。

　　相反的，我们再来看看清粥和鲍鱼粥，在这两个粥品之间做出选择，你如何决定？

　　也许你会说，这还不简单，如果两者价格一样，当然选鲍鱼粥；如果两者价格不同，那就根据性价比考虑。

　　确实，清粥和鲍鱼粥的成分区别显而易见，辨识度极高。普通人做选择时，都会从可辨识的部分着手，根据"价值"来做判断。

　　进一步来讲，对于高辨识度产品和低辨识度产品，它们的销售方式是完全不同的。

　　低辨识度的产品靠的是品牌，通过创造品牌优势来抢占市场。品牌运营在 B2B（企业对企业）市场中尤其能发挥效用，因为企业指定品牌与个人喜欢的品牌相比，前者的采购量和对销售额的推动力是后者的许多倍。同时我们也要认识到，提升产品的品牌力，成为脱颖而出者很难，毕竟世界上只有一个可口可乐，也只有一个麦当劳。

高辨识度的产品靠的是价值，通过提升产品的性价比，不断创造产品优势。这一类产品要致力于形成口碑效应，通过打动人心的广告和口口相传，能创造出指数级的销售力量。

在餐饮界，高档餐厅要靠品牌实力赢得高层次消费者，毕竟高档餐厅的数量少，可以看成是身份的象征。而中档餐厅要靠品牌取胜就没那么容易了，市面上的日本料理店、港式茶餐厅、本帮菜等都是一抓一大把，如何让消费者选中，通过提升餐厅价值则更为可行。

以鲁肉范餐饮店供应的餐食和全家便利店供应的食品为例，在他们的原材料中，大米占总成本的比例并不高，但是大米的好坏却可以直接影响消费者的就餐体验，因为米饭的质量和味道可以轻松辨别。这两家餐厅完全可以在大米上多投入一点成本，提升店铺和产品的价值，或许可以起到四两拨千斤的作用。

再以东北菜馆为例，一般餐厅都会在饭后赠送一盘时令水果，比如西瓜、橙子、草莓等，依季节而定。此时，普通水果给消费者的感觉是"正常流程"，很难有眼前一亮的感觉或消费感动，可以考虑把常规果盘换成号称东北一绝的冻梨，既独特又美味，而且有助于加深消费者对餐厅的好感。

这些案例说明，虽然餐饮界集聚了大量参与者，虽然我国餐厅门店的平均寿命只有 2.5 年，但是我们要相信民以食为天，在大多数情况下，餐饮需要现场体验，实体的餐饮市场需求永远不会消失。

构建餐厅的成功商业模式，就是要想办法花比较少的成本，活比较长的时间。随着我国居民收入不断提高，消费水平正在飞速攀升，所以构建餐厅成功商业模式的捷径之一就是结合当地居民的饮食习惯，模仿全国、全世界范围内的"潮"饮食。

以上海为例，与星巴克做邻居的 BAKER&SPICE，与日本蟹道乐有几分相似的蟹的冈田屋，这些餐厅都是将本地特色与国际潮流相结合，基本都能实现开门红。事实上，还有来自新加坡的珍宝海鲜坊、Song Fa（松发肉骨茶），来自美国的 LADY M（蛋糕）、Ruth's Chris（茹丝葵牛排）等国际潮流饮食，已纷纷与本地特色相结合，落户上海餐饮界。

在不久的将来，随着"国人走出去"与"潮店走进来"的进程不断加快，我们可以预见，日本叙叙苑（主打烤肉）、游玄亭（主打火锅）、寿司大（主打寿司）、伊豆荣（主打鳗鱼饭）、一兰拉面（主打拉面）等国际潮流饮食，都将在国内与消费者相见，带着他们的美味，结合我国各地餐饮市场的特点，迎合当地消费者的喜好。

第 三 章

让自己的成本转变成自己的收益

——构建书店的成功商业模式

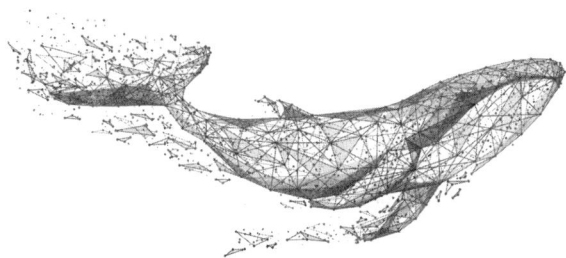

对于企业自己花费的成本，你舍得它变成别人的效益吗？

公益机构也许会说"行"，但以盈利为目的的企业一定会摇摇头。

但是在现实中，我们看到的场景是，有些企业确实在不知不觉中花费了自己的成本，却为他人做了嫁衣。

举一个例子，来自台湾地区的知名房地产中介公司信义房屋是如何败给大陆地区的后起之秀的。

信义房屋成立于 1981 年，自 1994 年以来连续成为台湾地区房地产中介行业中营业额最多的公司，也是台湾地区唯一一家股票上市的房地产中介公司。信义房屋于 1993 年发现了大陆房地产发展的商机，到上海开设门店，并陆续开始扩张。信义房屋认为，既然在台湾地区这个小市场已经做到冠军，并积累起现代企业的管理经验，到市场经济建设刚刚起步的大陆来发光发热，是不成问题的。可是没想到，最终的结果却是——多年的成功经营经验没有让信义房屋在大陆市场占有一席之地，反而败给了 2002 年才起步的上海本地房地产中介德佑地产。

信义房屋作为行业的先驱者，在上海房地产业发展的早期就开设门店、培养市场，结果却败给了后来的追逐者，无法把成功延续到最后。其中的关键原因在于，信义房屋花费了大量成本培养人才，最终却发现，这些精心培养的人才都成为竞争对手的员工。

在信义房屋开拓大陆市场的初期，其培养人才可谓精心尽心，他们向大学毕业生提供为期 3 年的培训，并且培训期间不用个人担负任何费用。

上海德佑地产于 2002 年成立，当时在上海房地产中介行业中，大家都知道信义房屋对门店店长和员工的精心培养，也都了解信义房屋每名店长的业务能力，因此德佑地产打响了人才争夺战。在吸引优秀员工的同时，德佑地产还以鼓励分红的模式强化拴心留人的能力，一名店长如果能够培养自己的副店长成为另一家新店的店长，老店长同样可以入股新店并获得分红。最终，上海德佑地产以较低成本开设了大量门店，并建立起业务能力较强的骨干力量，在业务发展上逐步战胜了信义房屋。

另一个典型的例子是全球电器连锁零售商巨头——美国

百思买集团败走中国市场。

2003 年，百思买在上海设立办事处；2006 年，位于上海徐家汇的首家中国百思买旗舰店开业；2008 年，百思买在上海中山公园开设了第 2 家店；随后扩张稍有提速，又陆续开出 7 家门店。

百思买宣称，他们曾花了三年多的时间深入调研中国大陆市场，将采用与大陆本土电器连锁零售商完全不同的消费者体验模式，用差异化服务赢得竞争，因此一度被视为中国大陆电器连锁业竞争规则的改变者。果然，百思买首家旗舰店营业以后，其店面宽敞明亮，购物环境舒适，商品陈列整齐、质量优良，店员着装统一、态度热情，让消费者有非常愉快的购物体验。

但好景不长，2011 年 2 月，时隔不到 5 年，百思买集团就发布公告，计划关闭在中国大陆地区的 9 家门店……

百思买的做法听起来很不错，来店的顾客也络绎不绝，但最终挫败的关键原因之一就是，百思买花了大量成本经营的门店，却成为其他电器商店的"试衣间"，消费者开开心心地在百思买对比试用各种款式的电器，然后"挥一挥衣袖，不带走一件商品"，马上去售价更低的几步之遥的竞争对手门店购买电器。

百思买的门店是消费者非常爱"逛"的地方，在这份"爱"的背后，是百思买明显高于其他电器连锁企业的成本支出。百思买的店内陈列由集团统一布置，统一招募导购员，并且导购员仅仅在消费者需要的时候才介绍商品，否则不准推销商品，而其他电器连锁店的店内区域按照品牌划分，由厂商支付租金、自行装修、配备促销员。百思买强调商品体验，例如在手机柜台用真机代替模型机，这些真机由百思买自掏腰包购买，而其他电器连锁店对于贵重的电子产品，一般都是向消费者提供模型机，由促销员向消费者作介绍，确认消费者购买意愿比较强烈后，才能试用实物真机。

由此对比可见，百思买的购物环境是"主随客意"，消费者完全可以尽情畅游在各种电器之中，没有打扰，只有享受。

百思买虽然是消费者"点赞"的卖场，却不是消费者买单的卖场。百思买的商业模式是想在电器生产厂商、消费者和自身之间实现共赢，但在当时的经营环境中，这种做法却实实在在地将经营风险和资金压力都放在自己身上，牵绊了百思买本该快速前进的脚步。百思买选择的商业模式，抬高了零售商的运营成本，迫使百思买的商品定价要高于其他本土电器连锁零售商。大多数消费者都会在百思买查看商品、听取介绍并试用机器，记下喜欢的品牌型号，然后到附近更便宜的家电商场购买商品。

除了国内的电器连锁零售商以外，压垮百思买的最后一根稻草是京东、易迅、亚马逊等网络销售商。随着网络购物方式的兴起，国美电器、苏宁电器等本土电器连锁零售商也受到冲击，但它们迅速转型，在 2011 年前后纷纷成立苏宁易购、国美在线等，跟上产业发展趋势，百思买却只能望"网"兴叹，宣布关店。

信义房屋和百思买，都曾经是同业中的佼佼者，但在中国大陆市场扮演的却是"流动岗"的角色，看到客来客往，却不能成为自己的"磁铁"，不能"留"住消费者。信义房屋和百思买都在为同行打工，把千辛万苦吸引到的客流"送"给竞争企业，成为对手的打工者。

在我们的生活中，还有一个比较典型的"流动岗"，那就是百货商场。

从 20 世纪 90 年代起，随着人们消费水平逐步提高，百货商场进入了发展辉煌期。当时，百货商场被视为引领时尚的消费场所，逛商场是人们喜闻乐见的一种休闲和购物方式。聚集百货商场最多的南京东路，曾是上海商业的绝对王者。1995 年以后，由外资主导的百货商场迅速增加，日本企业投资的上海第一八佰伴在开业当日曾创下"同一店铺迎客 107 万人次"的吉尼斯世界纪录。

随着地铁线路的陆续开通，上海的商圈随着地铁线路的延伸而迅速成长起来，地铁所到之处都是建设商圈的潜力之地。直至 2010 年，百货商场一直掌握着上海商业的主动权。

2011 年之后，伴随着电子商务的冲击、境外消费的分流、奥特莱斯等新业态的影响，百货商场面临着日益白热化的竞争，20 世纪 90 年代的"盛景"已经不复存在，今非昔比。穿行在百货商场的店铺间，经常可以看到营业员比顾客多的情景，而百货商场的服装柜台，几乎就是单纯的试衣间。消费者对于看中的服装，只要试好尺码，完全能够以更低的价格通过淘宝、海淘等方式买到。

截至 2018 年年底，上海的百货商场（包括购物中心）数量约为 260 家，其中，2017 年新增 47 家，2018 年新增 30 多家，仍处于较高增速阶段。但从 2016 年起，百货商场整体营业额的增长率开始降到 10% 以下（实际增长率为 7.1%）。由此可以预见，百货商场这一"流动岗"角色将持续下去，将继续把部分实际消费留给网购，留给海外采购，留给奥特莱斯。

当然，我们也看到百货商场正在努力转变这种"流动岗"的角色，实行了线上线下同价、差异销售、主动开设网店等措施，也取得了一些成效，而且百货商场的引流作用也可以成为自身的主要功能。

反观迪士尼游乐场，虽然其也花费了巨大的建设成本，也是一个引流的"大磁铁"，但却是在为自己旗下的酒店、玩偶店、购物中心带来客流。

上文提到的游乐场、电器大卖场、百货商场，再加上展览会、服装秀、大型商业活动等，虽然都能以高额的营业成本创造大客流，却不一定能留下真正掏钱的消费者，虽然大量消费者在这些场所活动，但结账台前却人数不多。这些场所，更多的是扮演"磁铁"的角色，吸引消费者聚集于此，为周边的店铺等消费场所贡献客流。

迪士尼为旗下的酒店、玩偶店、购物中心带来客流；

百思买电器卖场为国美、永乐等同行，以及网上商城带来客流；

百货商场为专卖店以及电商带来客流；

展览会、服装秀、大型商业活动等，为周边的餐饮娱乐场所带来客流。

由此可见，最终受益的都是围绕在"磁铁"周边的商家。

按照吸引和利用客流的能力大小，我们把商家分为三类。

第一种是最不合算的商家，花自己的成本，当别人的"磁铁"。

这一类商家的共性就是当绿叶，为周边店铺输送客流，这个周边不一定只是地理位置上的周边，还有可能是同类行业或相近行业，如上文提到的信义房屋、百思买都属于此类"磁铁"。

第二种是比较聪明的商家，花自己的成本，当自己的"磁铁"。

这一类商家的特点是虽然自己花了很多钱，但是能把吸引到的消费者留在自家消费，引流成本能够产生收益。上文提到的迪士尼乐园就属于这一种，以游乐场为磁铁，把人流吸引过来，再通过自身经营的酒店、玩偶店、餐饮店等赚取更多收益。

另外，我们生活中常见的一部分大卖场也属这一类。大卖场利用自身的一部分区域经营超市，再将剩余的区域出租给各类店铺。虽然超市的利润比较低，但是因为超市可以吸引到大量消费者，不少店铺就愿意租用卖场周边的空间。也就是说，卖场用自己的成本，形成了引流的"磁铁"，再将客流量转化成自己的优势，让其他商户愿意租用店铺，卖场收到了租金，也获取了较大的收益。

第三种是最聪明的商家，用别人的成本，建自己的"磁铁"。

这一类商家能够借用他人提供的磁铁效应，为自己输送客流，也就是不花成本就能享受收益。

这类商家的典型代表就是地铁站周边的店铺，以上海为例，只要是地铁通达的地方，都有望成为消费者集中的场所。因此，聪明的商家会先研究城市规划，寻找未来地铁站将要出现的位置，在这些待建的地铁站中选择目标，提前以较低的价格买下店铺。规划的地铁线路开通以后，地铁站便会向周边店铺输送源源不断的客流，原先以较低价格买入的店铺，其价值会直线上涨，不花钱或少花钱就能获得大量消费者的光临，充分享受到地铁站带来的磁铁效应。

一、我们身边那些常见的书店

　　说到书店，很多人会立即想到新华书店，新华书店是我国图书发行业的主力军和"老前辈"，成立于 1937 年，其发行网点遍及全国大小城镇。在"新生代"的脑海里，新华书店有点"过时"了，他们对书店的第一印象是当当网、京东商城等电商，打开电脑或手机，轻轻点一点，就可以静候快递送货上门。

　　作为购书场所的书店，在不同的年代，所表现出来的销售形式具有很大的差异，这与时代背景和消费习惯的演变有重大关系。我们先来看看，身边的书店都有哪些销售形式。

1. 各类书店已林林总总

　　市面上的书店形态，主要可以分为实体书店和网络书店两类。实体书店又可以进一步区分为"专注型书店"（专注于销售图书）和"衍生型书店"（除了销售图书，也经营其他产业，例如餐饮等）两类。从整体市场而言，近十年来图书零售市场的平均复合增长率达到 10.8%。

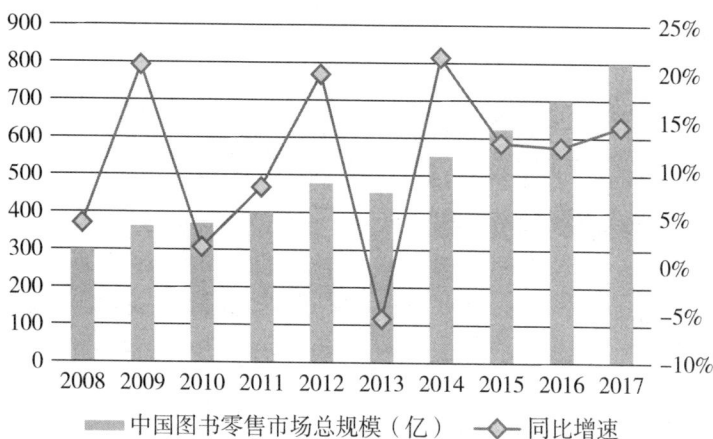

图 3 2008—2017 年中国图书零售市场总规模及同比增速
（资料来源：根据中国产业信息网提供的数据整理）

从细分市场来看，实体书店受到网络书店的冲击已是不争的事实。国内网络购物的高速发展出现在 2011 年左右，所以 2011 年也就成为实体书店经营发展的关键转折点，到了 2016 年，网络书店的销售额更是超越了实体书店。统计数据显示，2012 年以来，网络书店图书零售市场的年复合增长率为 28.7%，而实体书店图书零售市场的年复合增长率仅为 0.5%。

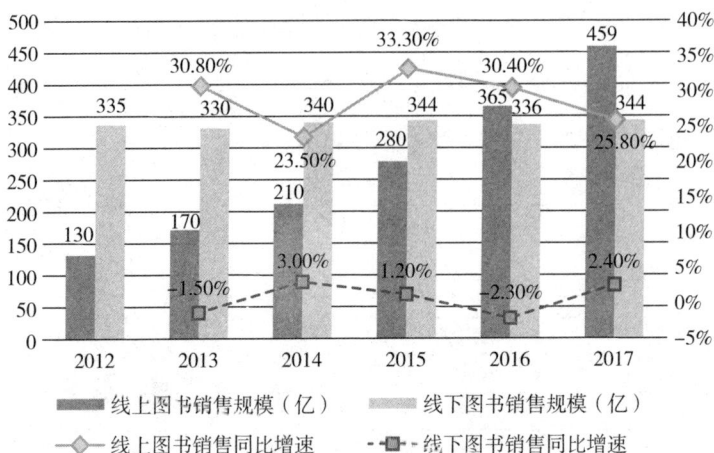

图 4　2008—2017 年中国图书零售市场线上与线下销售规模及同比增速
（资料来源：根据中国产业信息网提供的数据整理）

传统书店类——新华书店

按照书店出现的年代来排序，首当其冲的当属新华书店。

新华书店的门店分布是国内书店中最广的，全国门店数量最高达到 1.4 万家。十几年前，很多新华书店都出现在城市的核心地段，但是近年来，不少位于核心地段的新华书店已经搬离，有的是因为旧城改造，有的是因为书店的客流量日渐减少，只能把核心地段留给能够吸引更多消费者的店铺。

新华书店的店内布置一般都比较朴素，颜色简单的天花板、普通的白色日光灯、不带修饰的书架、整齐堆叠的图书、身着蓝色或灰色制服的员工……时不时还会见到席地而坐或倚靠在书架边的读者。

新华书店是国有企业，而且随着近年来全民阅读活动的持续推进，很多新华书店会得到政府的资金支持，一般没有房租负担，即使销售业绩出现下滑，生存也不是太大问题。下面，我们就来分析一下新华书店的主要收入来源。

在省级区域内，新华书店一般是连锁企业集团，有些甚至是上市集团，盈利模式多元化。在图书销售方面，以教材教辅为主要商品，常规图书为次要商品。从整体利润占比来看，图书销售占总利润的比例较低，反而是跨行业经营成了主要收入来源——小到文体用品、早教培训、广告餐饮，大到房产开发、文化影视、物流运输。

在大部分地区，新华书店负责教材教辅发行（尤其是中小学的教材和配套教辅材料），这是最主要的盈利点。另外，新华书店的自营面积越来越小，柜台出租也成为主要盈利点之一，比如将部分区域出租给销售学习机、平板电脑的厂商。

在消费者心目中，新华书店销售的图书基本不打折，而通过电商渠道购买的图书，即使是新书也能获得折扣，有时甚至在五折以下。新华书店里卖得最好的书就是教材教辅和各类工具书、专业类图书，因为这些图书在电商渠道的折扣力度比较低，品种也不齐全，反而是新华书店门类全、品种多、质量有保障。

精品书店类——西西弗书店

如果说新华书店是传统书店的代表，那诞生于 1993 年 8 月 8 日的西西弗书店则一改书店的陈旧印象，展示出精品和潮流的另一面，以"引导大众精品阅读"的经营理念发展壮大。

西西弗书店的总部位于重庆，目前在全国 60 多个城市拥有 180 家图书零售店、180 家意式咖啡馆，超过 350 万活跃会员。2016 年以来是西西弗书店的高速发展期。

西西弗书店选址一般都靠近商圈、居民区和高校，每家店都统一风格、统一服务，用极具标志性的英伦风格店面、复古潮流的橱窗摆设，以及木制书墙和地面主题指引导航等，营造出典雅宁静的购书环境。

西西弗书店的门店面积多为 500~800 平方米，前场区域布置了各类图书板块，如畅销书、外文书、文创产品、西西弗排行榜、专题图书榜等，用如此丰富的选择和优质的图书把大量读者吸引进门。如果读者的购书目标非常明确，则会直接进入后场区域，进行分类阅读和挑选。

西西弗书店旗下拥有 Park 书店（Sisyphe Park Books）、矢量咖啡（UP Coffee）、"不二生活"创意空间（Booart Life）、"七十二阅听课"儿童阅读体验空间（7&12 Reading Call）、推石文化（Twinstone）、《唏嘘》杂志（Much）六个子品牌，经营范围涉及图书零售、图书定制出版、咖啡饮品、文化创意产品等多个领域，并以阅读体验式书店为主要经营形态。

作为其主业的"卖书"，约占总体收入的 70%~80%，同时西西弗书店也销售文创类产品和咖啡，其中咖啡业务的收入占比约 15%~20%，文创类产品的收入占比约 5%~10%。

西西弗书店选址时会与房地产开发商合作，他们希望商业地产集群能带来更多客流量，日均进店 1000 人次应该是最基本的生存条件。但从实际情况来看，从周边店铺导入到西西弗书店的人流量，或许不及西西弗书店导出到周边店铺的人流量。西西弗书店因其精心的装潢、丰富的书籍、宽裕的空间，更可能扮演"精致图书馆"的角色，光临书店的消费者可能有很多，但真正掏钱把书带走的却比例较低。"精致图书馆"的消费者们，在饱餐一顿精神食粮后，更多会选择去周边餐厅吃饭，去周边精品店"淘宝"。

风格书店类——钟书阁

拥有"上海最美书店"之美誉的钟书阁，成立于 2013 年 4 月 23 日，当天是世界阅读日，首店选址在上海松江泰晤士小镇。

钟书阁定位于高端新概念书店，他们立志"用美重新唤回读者"，用优质的图书、"最美"的服务和阅读体验来回馈读者。

钟书阁的创始人金浩先生有 20 年经营书店的经验，早期在上海经营一家以销售教辅类图书为主的民营书店——钟书书店，钟书阁可以视为钟书书店的升级版。金浩先生是一位书迷，他很热爱图书，也很支持全民阅读，一直梦想着做一家有风格的书店。"将书店做成书店，成为读书人的归宿"，"为读者找好书，为好书找读者"，这是钟书阁的经营理念，所以钟书阁的业态比较单一，以"卖精选图书"为主，其 80% 的利润来自图书销售。同时也开设了咖啡厅，这是根据坐式阅读需求所附带开展的业务，仅 20% 的利润来自配套餐饮。钟书阁自 2013 年开设第一家门店以来，2016 年已实现盈亏平衡。

在店面设计方面，钟书阁内遍布书籍元素，从"私家书房""休闲阅读区""艺术博览馆""钟书讲堂"等板块设计，到楼梯、回廊等细节，全都围绕着"书"。在图书配置方面，钟书阁组建了 6 人选书团队，优先与名家名社合作，每年从 40 多万种新书中精挑细选出 2 万种好书，并尽量保证读者能在钟书阁买到各种新书。在阅读体验方面，钟书阁坚持"以实体书店为载体，结合文化讲座、读书会、新书签售会、生活沙龙等活动，将图书融入到更多人的生活"，这是一个高远的文化理想。

不同于西西弗书店的"连锁复制"模式，钟书阁实行连锁经营，但不会复制，他们依据不同的门店地址和经营环境提供相应的选书标准和图书主题。如上海泰晤士店地处旅游景区，以游客为主要服务对象，图书以人文社科类为主；上海闵行店和杭州店定位于社区书店，读者以居民为主，以教辅类图书为主，并且都设有儿童馆；位于上海松江大学城附近的门店则主要服务于大学生，图书以青春文学类居多；位于上海静安寺地区的芮欧店，地处核心商圈，目标读者多为白领阶层，图书则以经济和文学类为主。

书店叠加生活类——诚品书店

去过我国宝岛台湾的朋友一定听说过"Eslite 诚品"（Eslite 源自希腊文，原意是"精英"），因其充满人文艺术氛围，因其欧洲图书馆的设计风格，几乎成为台湾地区的文化地标——沉稳、优雅、温馨，与台北故宫博物院、日月潭、阿里山一样，是游客到台湾地区旅游的主要"景点"。

1989 年 3 月，吴清友先生本着追求人文、艺术、创意、生活的初衷，创立了以销售建筑、艺术类书籍为主的诚品书店。1991 年，诚品书店扩大营业范围，设立综合书区、艺文空间与画廊，成为台湾地区书店经营的先行者。当时的诚品书店，所面临的就是"为他人做嫁衣"的尴尬境地，他们虽然能吸引到很多顾客，但是看客远多于买单者，顾客对其"叫好不叫座"。诚品"吸"到的顾客，多数"流"到了附近其他商店消费，而不是"留"在诚品消费，所以那些年诚品书店一直处于亏损状态。

从 2000 年开始，诚品书店率先打造"书店＋生活"的复合经营模式，并在 2005 年真正从"以书为主"的经营模式转型为"书和生活并存"的经营形态。诚品书店追求图书品种的最大化，而图书内容的多元化吸引了多层次的读者，进而支撑多元化的生活与百货品类。

诚品书店一般会整租一栋楼或其中的若干楼层，利用一部分区域开设诚品书店，其余区域转租给其他品牌，通过诚品书店自身的文化品牌效应吸引商铺入驻，经营具有较高盈利能力的文化展演、创意商品、服饰及餐饮等，这一切组合起来就成为一个综合商业体。

诚品书店终于摆脱了单纯"为他人做嫁衣"的尴尬局面，以书店为吸引消费者的"磁铁"，为自己的生活类服务源源不断地输送客流，创造收入。最初，图书对诚品书店的利润贡献率是100%，而如今，图书的贡献率已下降到20%~30%，百货对利润的贡献率达到了70%~80%。

诚品书店所销售的不仅仅是书，更是一种生活方式，书和非书商品之间的界限被模糊化了。在书店里，旅行类图书的旁边摆放着户外用品、行李箱包、随身杯、各国明信片、世界地图、地球仪、旅行日记本，甚至还开设了一家专营定制旅游的旅行社；介绍多肉植物的书籍旁边，放上多肉盆栽、园艺用土、工具等，满足读者的多重需求；另外生活类图书的邻居则是洗发水、沐浴露、护发精油，和表演艺术类图书一同销售的是黑胶唱片、音响、耳机，烹饪类图书旁边则放着各国食材、零食、调味罐、砧板、咖啡壶、勺子，背后还有一个货真价实的厨房。

除了这些种类丰富的图书和周边产品，诚品书店还开发了几大自营品牌项目。

• 诚品展演自营品牌，主要是诚品电影院和表演厅，以播放文艺电影、承办文艺表演为主。

• 诚品书店自营品牌，诚品书店旗下有诚品儿童书店、诚品文具馆、诚品音乐馆、诚品知味、Blackpages Café 等 11 个书店自营品牌。

• 诚品生活文创自营品牌，诚品生活文创平台以"文化创意产业"为根本，让顾客自由体验独特的城市人文空间，探索游逛式时尚生活，旗下包括 AXES 创意时尚平台（被誉为台湾地区时尚设计圈的霍格沃茨）、EXPO 微型文创博览平台（为微型文创工作者提供交流、展售的平台）。

• 诚品生活餐旅自营品牌，本着"将美好事物带入生活"的理念，诚品生活餐旅业务的目标客户已从 B2B 的餐旅企业扩展到 B2C 的广泛消费者，旗下品牌包括诚品酒窖、Eslite Café（咖啡吧）、Tea Room（茶室）、The first（餐厅）。

2015 年 11 月 29 日，诚品书店进入大陆地区的首家分店——诚品书店苏州分店开业。苏州诚品书店的运营模式同样是"书店 + 百货"，但与台湾地区诚品书店有所不同，苏州诚品书店的物业由诚品自持并自主经营。

事实上，诚品书店来苏州经营之前，无论是在台湾地区开店，还是在香港地区开店，其营业场所都是租赁的。诚品书店的品牌效应会为其所在的商业体带来大量消费者，形成一个"诚品商圈"，但诚品书店自己却不是商圈的最大受益者，并且仍然要面对连年上涨的房租，以及随时搬迁的可能性。因此，诚品书店迫切希望能在自持的物业中当家做主。

苏州诚品书店占地 1.5 万平方米，建筑面积超过 13 万平方米，包括一幢四层的商业裙楼（诚品书店自持）和两栋高层住宅楼——诚品居所（对外销售），诚品书店位于商业裙楼中，约占裙楼建筑面积的四分之一。诚品书店可以依靠销售住宅楼的收益摊平商业体的建造成本，从而以更低的成本、更大的底气经营书店和百货综合体，甚至可以扶持一些有潜力但尚无市场的设计品商店。

诚品书店从赚钱不多的单纯卖书的"引流者"，到能为自己的百货店、餐饮店、生活圈输送客流"磁铁"，再到自建物业并通过一部分物业的销售收入来支持书店经营的"进阶者"，这一艰辛的转变历程给予我们很多启示。

网络书店

实体书店的经营遇到困难，这是目前书店行业的普遍现象，除了租金和人力成本大幅上涨之外，实体书店收益率降低的另一个原因就是受到网络书店的冲击。"60 万种图书 5

折封顶""畅销好书两折起"，类似的促销广告在网络书店中铺天盖地，而实体书店的图书采购价格通常为五折，零售价则至少是八折，电商价格大战的蔓延成为实体书店的考验。

网络书店早在 20 世纪 90 年代末就开始发展，当当网和卓越亚马逊可谓是该行业的先行者，它们均从网络书店起家，后来发展成为网络"百货"店。

当当网于 1999 年 11 月开通，早期在网上专营图书，之后逐步拓展到销售各品类百货商品，包括图书、音像制品、美妆、家居、母婴、服装和 3C 数码等数百万种商品。当当网是中国图书电商中的领先者，占据线上图书市场份额的50% 左右。

亚马逊中国（Amazon China）的前身是中国的卓越网，于 1998 年 8 月成立，2000 年之前卓越网是一个 IT 信息服务和下载网站，2000 年之后转型成为网上书店，从北京拓展到上海，进而拓展到广州。2004 年，卓越网被亚马逊公司收购，更名为卓越亚马逊，开始销售更多商品。

为什么他们起步于网络书店，最终都纷纷向网络百货商场的方向发展？

因为在价格战的厮杀中，网络书店难以获得高额盈利，图书可以作为一个流量入口（磁铁），将顾客吸引到百货品类中消费（盈利点）。

除了专门的网络书店之外，各地传统书店（包括新华书店）也在向电商的方向转型和探索，以增加更多的销售渠道。电商平台通常从某一领域起步，进而逐步发展成为综合网购平台，传统书店所发展的"网络书店"与电商的目标不同，一般只经营图书和音像制品，仅有少数销售数码产品、家电产品等。由传统书店衍生出的网络书店，因其销售品种单一，也难以单独实现高盈利。

以各省新华书店开办的网络书店为例，博库网的销量位居前列。博库网是浙江省新华书店集团的全资子公司，成立于 2006 年，其以连锁实体门店为基础，积极扩大网络销售量。传统书店开办的网络书店中，销量排名比较靠前的还有文轩网（隶属于四川新华发行集团）、北发图书网（隶属于北京发行集团）等。相对于当当网、亚马逊中国等起步较早的网络书店来说，从新华书店衍生而来的网络书店，其影响力和知名度都落后了很多。相关统计数据表明，新华书店创办的网络书店的整体销量只有当当网的三分之一。

另外，由新华书店总店发起的"新华书店网上商城"于 2018 年 4 月 23 日举行上线仪式。

除了应对消费渠道升级转换的大趋势之外，传统书店开设网络书店的因素还有以下几点：

第一，降低线下书店同一种图书的备货量，以留出更多的书架展示空间和仓储空间，从而进一步丰富图书品种数量。

第二，线下书店可更加积极地开展现场阅读、新书签售等活动，进一步增强实体书店的引流作用，通过线上平台的宣传推广，可以在更大区域内提高传播力度。

第三，通过线上平台采集数据，有助于了解读者的阅读需求及关注热点，并及时反馈到线下书店的经营中，让书店有针对性地为读者推荐好书。

2. 全新业态的书店正蓬勃发展

通过上面的论述，我们知道网络书店的经营模式大同小异，无非是借助互联网将图书卖给消费者，主要的不同点体现在"八仙过海"的促销方式上。实体书店的发展历史相对久远——从新中国成立前至今，并且不同实体书店的经营模式大不相同，我们可以把实体书店的形态细分为四代。

第一代实体书店，装修简单，目标明确——把书卖给读者，例如几十年前的新华书店。

第二代实体书店，店面设计精美，具有艺术感，店内装潢具有人文风格，一般有舒适的座椅，也售卖咖啡茶点等。

他们卖书，也"卖情调"，很容易成为大家的"图书馆"，例如各种类型的精品书店。

第三代实体书店，除了具有第二代实体书店的全部特点外，书店内部或周边会搭配创意商品店、创意小店，除了卖书、"卖情调"之外，还"卖文化"，充满着人文气息，有人甚至为了拍照"打卡"而去逛书店，例如 Eslite 诚品。

前三代实体书店，再加上各家网络书店，组合成了书店行业的现有竞争市场，他们要么是单纯的实体店，要么是单纯的网络店，要么是实体和网络兼营的书店。本章所要讨论的第四代实体书店，是指从网络书店向实体书店衍生，通过大数据技术分析读者行为，让网络书店与实体书店相互借鉴、相互融合，这是书店形式的最新产物。

第四代实体书店，对出入其中的消费者个人信息及其购买行为进行记录和汇总。简单来说，它就是一个大盒子，顾客走进书店时，打开这个盒子，盒子留下了"他是谁"的信息；顾客离开时，挑选了一些书，买走了一些书，盒子会记录下"买了什么"的信息。

亚马逊实体店

作为全球电商领域领先者之一的亚马逊，2015 年 11 月在美国西雅图创建了旗下第一家实体书店——Amazon Books。亚马逊利用大数据分析的结果，进行店址选择和选书推荐，将线上积累的用户评分、评论、推荐复制到线下，开创了零售业的新模式。

亚马逊实体书店的经营有哪些不一样的思路呢？

亚马逊实体书店是亚马逊网络书店（Amazon.com）的补充和衍生，其细节方面复制了亚马逊网络书店20多年来积累的经验，并以实体书店的形式提供现场体验。

•图书展示方式为"正面型"。从店内图书展示风格来看，亚马逊实体书店书架上的图书均采用封面朝外的展示方法，顾客选书时就像在网上浏览图书一样，一眼扫过就能迅速获取尽可能多的信息。

•网络书店的销售情况决定实体书店的陈列品种，且线上线下销售价格相同。实体书店所销售的图书，在网络书店中都是评分较高的，也就是说，网络书店的销售数据决定了哪些书能出现在实体书店中，这是网络书店"反哺"实体书店的最大优势。实体书店参考网络书店的用户评分、预售状况、实际销售状况，以及知名书评网上相应图书的热度，不断调整实体店陈列售卖的图书，当然在大数据自动分析汇总的基础上，还要有人工辅助评价和选择。

• 一般来说，实体书店销售的图书种类繁多，但很少打折，而亚马逊实体书店只出售精选出来的商品，售价与网络书店一致，即亚马逊实体书店的售价一般要比其他零售商的价格便宜。

• 网络书店上顾客对图书的评论，可能会影响到实体书店中顾客的选择。进入亚马逊实体书店的顾客会发现，其每一本书的下方配有一张小卡片，上面有亚马逊网络书店用户的评论和星级评价。顾客选书时，可以参考现成的评论和星级，也可以扫描相应的条码，在商品的电子页面上了解更多内容，然后再做出选择。

• 亚马逊实体书店销售自家出版的书。在美国，亚马逊已经不再是一个单纯的纸质书和电子书的销售平台，它于2009年开始进入出版领域。亚马逊从线上图书零售行业起步，到推出电子书和Kindle电子书阅读器业务，再到自己出版图书，构成了"图书制作—出版—销售"的全产业链。同时，实体书店的存在为其推销自行出版的图书开辟出一条新的道路。

• 亚马逊还是一家跨品种的内容制造商，除了图书之外，还有很多原创音乐作品、电视剧和电影。因为亚马逊拥有庞大的用户群体，其可以轻松触及用户，掌握用户偏好，实现

点对点推送，其实体书店可以进一步推广音乐、视频、电影
等产品。

•展示和销售亚马逊旗下的电子产品。除了图书之外，
亚马逊实体书店还销售 Kindle 电子书阅读器、Echo 智能音
箱、Fire TV 电视盒和 Fire 平板电脑等电子产品。这类似于
苹果（Apple）专卖店，实体店就是商品展示平台，提供现场
试用，现场的工作人员还会手把手地指导顾客使用。假设亚
马逊实体书店的图书销售只能实现保本，那么通过展示亚马
逊的其他产品和服务，向消费者提供线下体验，实体店也能
够为亚马逊创造更多价值。

亚马逊是一家科技公司，倡导"以用户为中心"，其通
过线下和线上的大数据识别、追踪，预测分析消费者的偏
好，调整相应的货物位置和库存，更好地锁定目标客户群。

在线上业务大获成功的同时，亚马逊注意到，对于有些
产品来说，消费者更愿意亲自到线下采购，许多线下服务是
线上销售无法替代的。鉴于现有的零售模式已经为消费者提
供了多种多样的服务，亚马逊要求其推出的新服务模式必须
是独创独有的。为此，除了图书领域的"实体化"之外，亚
马逊也将实体零售业务以自身特色继续扩展，发展出实体家
居购物体验店、无人便利店 Amazon Go、生鲜线下自提营业

点 Amazon Fresh Pickup 等形式。虽然开设这些实体店的实际效果有待时间的验证，但这是亚马逊"不走寻常路"的一个方向。

当当实体书店

作为国内图书电商领头羊的当当网，2015 年提出"从线上反攻线下"的战略，开设当当实体书店。当当实体书店的核心是线上与线下相结合、图书与文创相结合、商业行为与政府公益相结合，以图书、IP（例如游戏动漫、影视文学等）、文创产品、阅读文化活动、社群分享等运营为基础，打造新零售模式、新文化地标。

当当网提出开办实体书店的时间节点是 2015 年年底，与亚马逊在美国西雅图开设第一家实体书店的时间类似。两家电商的实体店相比较，亚马逊偏向于以图书及自营产品零售为主，当当偏向于做综合性书店，将零售、跨界体验和会员服务结合在一起。

当当实体书店拥有三条产品线，分别是当当书吧、当当阅界、当当车站，分别定位于三个客户群体。实体书店根据阅读大数据，进行图书选择和推荐，并实行线上线下同价销售。

"当当书吧"主打图书经营，目标客户是对图书层级要求不高的大众群体，店铺平均面积100~300平方米，门店选址主要与大润发、华润万家等超市合作，并可下探至三、四线城市，成为"草根书店"。当当书吧目前已开店100多家，占到当当实体书店总量的绝大多数。

"当当阅界"的目标客户是对图书和生活有一定要求的文艺青年、白领阶层，店铺平均面积为1000~2000平方米，主要选址在购物中心，书店进驻购物中心可获得一定的租金减免和装修补贴。目前"当当阅界"已开设两家门店，分别位于长沙和沈阳。"当当阅界"集书店、咖啡馆、艺术空间、展览平台、讲座等于一体，其中图书占营业收入的比例约为90%。"当当阅界"突出线下社交和文化体验，平均两三天举办一场文化活动，例如知名作家见面会、签售座谈会、读书沙龙等，这是网上书店代替不了的。

"当当车站"的目标客户是需求更广、体验更丰富的群体，希望通过活动形成社交平台，通过大数据分析提供个性化服务，着力提高复购率，实现"既经营商品，也经营社群"的目标。"当当车站"的店铺面积在3000平方米以上，一般会与大型商业地产商合作，要求合作方减免租金或提供装修补贴。"当当车站"位于上海的门店已经开业，取名为

"时间车站"。

时间车站除了供应图书产品之外，还跨界融合咖啡、艺术馆、生活集合馆、西餐等多个业态，正在打造书阁区（图书）、字造区（文具）、童画区（儿童主题）、颜究区（美妆家居）、吸猫区（宠物）、赏酒区（葡萄酒学院）、食间区（美食西餐）、嗨 Tea 区（饮品）八大主题区，满足不同消费群体的需求。同时，店内还将集合快闪市集功能，主要涉及生活美学类爆款产品和线上热销产品等。

志达书店

2018 年 4 月 23 日，全国首家智能天猫无人书店——志达书店在上海开业，主打"无人书店""未来书店""最美书店"等概念。

老"志达书店"开业于 2004 年，那是一家传统书店。"新志达"是一家智能无人书店，它可以主动获知读者的个人信息、阅读喜好或者购买倾向，并利用线上线下互动的创新模式，在图书选取、更新速度、线上线下互补、物流效率、作者和出版社资源、针对性书单、系列性活动等方面给顾客提供新的体验。

到志达书店买书的消费者，从进入书店、浏览书架、选择图书，到完成购书、走出书店，都可以自助完成，无需书店工作人员在场。在书店门口的感应区，消费者可以用手机扫描天猫二维码入场，挑选到喜欢的图书以后，不用排队等候付款或自助扫码付款，只需直接走过选书区终点的闸口，手机将自动完成支付。

据相关人士介绍，志达书店的无人化运营主要是为今后的 24 小时经营提供可行性探索和积累经验，因为需要人力的 24 小时书店运营成本很高，无人化经营可以显著降低成本。

二、实体书店的回暖与倒闭共存，网络书店深陷价格战，问题的根源在哪里？

近年来，一些传统的实体书店出现经营困难已成为不争的事实，这些实体书店的发展面临不少阻碍。一方面，因运营成本高、租金压力大，实体书店在图书销售价格上一直"居高难下"；另一方面，随着移动互联网技术的发展，纸质书市场受到电子书的侵蚀，让原本就经营困难的实体书店雪上加霜。消费者的阅读习惯正逐渐从纸质书向电子书、网络资料转移，实体书店的忠实顾客只剩下注重体验和精神消费的人群，但是"依靠情怀经营书店"并不是持久之计。

相比之下，网络书店的经营倒是红红火火。网络书店没有实体书店的租金压力（大城市的店面租金成本普遍占到实体书店经营成本的 30%~40%，而且租金还在逐年上涨），网络书店与上游供应商的议价中占有优势，能以更低的折扣采购图书，抢夺实体书店的份额。但是我们也看到，网络书店为了扩大销量，彼此间也容易陷入价格战，甚至以低于成本的价格销售图书，抢占市场。

目前，市面上的各种书店，包括实体书店和网络书店，主要存在以下几类问题。

1. 传统书店盈利模式单一，部分书店经营困难

传统的独立书店，纯粹只是卖书，有些以教材教辅为主，有些以特色小说为主，有些以专业类图书为主，有些以二手图书为主。当然，很多传统书店都处在逐步改良的过程中，逐步转变为"书店＋咖啡馆""书店＋文创"等。

但是传统书店的盈利点在哪？传统书店卖的是书，还是情怀？

位于台北的台湾师范大学附近，有一家水准书局，这家书店的老板喜爱攀谈，并推荐自己心仪的图书给顾客。最有意思的一点是，他会根据和顾客聊天的情况，判断与顾客是否投缘，然后决定卖书的折扣，一般五至九折不等。书店老板还会根据自己的心情，决定是否赠给顾客书目、纪念册或者电影券。

也许，水准书局的老板卖的正是情怀。但现实世界中，我们更多的会听到一些小书店老板的感叹："我没有别的追求，就是想开个书店，但是我不知道还能坚持多久。"即使面对如此多的困难，很多书店的老板们依然在坚持，依然在向着目标前进。

在一些传统书店里，书架前的热闹与收银台前的冷清形成明显的对比。前来选书的顾客中，有一些是因为在网络书店中看不到书的具体情况，所以来实体书店感受一下，再去网络书店以较低的价格购买。

2. 精品书店、最美书店的"颜值"成为卖点，但多沦为"流客地"

早期的传统书店，除了新华书店之外，以小面积者居多，但是随着书店业态的扩展衍生，大面积书店开始出现在生活中。

目前的书店中，各种精品书店、最美书店因装修精美、购书环境好，而广受消费者喜爱。爱书者支持他们成为传统书店的升级版，可以在优美的环境中翻阅心仪的图书，能听到学者或作家的讲座，能参加各种新书分享会等。闲逛者拥护他们成为休息的好地方，是免费的"高颜值"逛街休息区。还有很多人，则把他们作为便利舒适的图书馆，可以坐坐看看，随心所欲。然而，在舒适的氛围、光鲜的品牌背后，也有此类书店经营者的哀叹，书店的付出和收入并不成正比。

不过，这些书店若是开在大型商场中，商场的经营者倒是越来越喜欢这种"低坪效"的角色，因为书店可以为帮助商场粘住人群，创造出大客流量，让人群稳定地停留在商场中。

在商场的经营业态中，既需要可以粘住顾客的商业项目，例如书店、咖啡厅、电影院、娱乐设施等，同时也需要能够创造高利润的商业项目，例如餐厅和化妆品类、玩具类店铺等。这两类商业项目相互作用，成就一个完整的商场生态环境，前一个品类吸引顾客，让顾客停留，让顾客到后一个品类中消费，而后一品类有良好的消费体验，能创造高额利润，形成正向反馈。

看似完美的生态环境中，书店却扮演了一个尴尬的角色，他们发挥了"吸引消费者"的作用，但却只能成为"流客地"，而非"留客地"，花自己的成本，成就别人的店铺。

3. 电商图书质量良莠不齐，容易陷入同质化阅读，缺乏个性化推荐

打开网络书店的首页，相当一部分推荐图书都是同质化的，这其中有许多商业推广因素，会让读者陷入同质化阅读。如果读者需要个性化推荐，很难在网络书店找到小众而深入的图书资料，毕竟网络书店要考虑大众读者的需求，更要考虑推广费用的投入产出比。

实体书店在差异化服务方面有很多优势和特色成效，尤其是那些专注某一领域的小书店，除了向读者提供买书空间和文化氛围之外，店主会对图书做深入而独特的介绍，甚至对常客的爱好了如指掌，成为读者交流分享的优选平台，这些实体书店都是行业的精耕者。

举一个例子，位于长沙的述古人文书店，是一家很小的实体书店，他们的目标客户是文史哲爱好者，既有面向大众的人文及科普读本，也有面向"书虫、书痴"的小众典籍。这家书店有两个"最"，一个是长沙传统书店中图书更

新最快，二是选书最讲究，店里至少有 40％以上的书不与任何一家书店雷同。店主每天都会在朋友圈中推荐图书，推荐语是深入阅读后形成的感悟，而非粗浅的介绍，比如他介绍韩偓，这是一位很不著名的人物，店主会将他的资料提炼出来，介绍韩偓的名作佳句，包括其姨父李商隐对他的评价——雏凤清于老凤声，也包括民国时期汪辟疆先生对韩偓的评价等。这些独到深入的推荐都是店主通过读书得来的，把这些信息浓缩出来后，可以让图书对读者迅速产生吸引力，一本生僻的书也可以卖得很好。

无论是实体书店还是网络书店，如何在同质化中做出个性化，让消费者"迷信"你，成为你的忠实客户，这是吸客和留客的重点。

三、爱书人的呼唤，为书店打开生存空间

实体书店的成本，一直是经营者绕不过的坎。店面租金、人员工资，还有水电物业费用，都让实体书店在盈亏平

衡点附近苦苦挣扎。同时，图书的销售流通速度较慢，对于实体书店而言，库存图书占用了大量资金，更让书店在资金使用方面斤斤计较，不敢在经营活动中大胆投资，从而被捆住手脚，在保守中失去特色。有些网络书店扩张速度非常快，刚上架的新书就卖到六七折，把实体书店的顾客吸走了。

但是，在网络书店大行其道的图书市场里，实体书店确实也有存在的意义，除了老板和忠实顾客的情怀和梦想之外，实体书店能够为读者提供个性化的服务，能够让读者体验真正的文化氛围。

说到个性化服务，必须要"点赞"一些小型书店，与其说他们卖的是书，不如说卖的是经营者的气质和内心。用心经营的小型书店老板都是爱书人士，而且在某一领域内研究深入、特别精通，例如古籍、文学等。这些经营者在选书的过程中会把自己的体验和爱好融入其中，有些甚至在每本书后附上自己的读书心得，读者在选书时可以感受到经营者的良苦用心，还会体会到精神上的共鸣。有些隐藏在城市之中的旧书店，成了书迷的"宝藏"，淘书者享受着不期而遇的惊喜，陶醉于书店主人的心有灵犀。

对于文化氛围的营造，目前的精品书店、最美书店等都开辟出一部分空间承办文化沙龙、作者签售等活动。在这里，志趣相投的爱书人士相聚在一起，谈书谈文化谈思想，相互探讨、深入交流。

至于日常休闲娱乐的场所，读者可以看书、喝咖啡、欣赏文创产品，甚至于聊天发呆，让休息日的生活多一种消遣的选择。尤其是那些装修精美的书店，让消费者流连忘返、赏心悦目。

实体书店，无论大小，其存亡都在于"盈利点"三个字。只有具备盈利潜力的书店，才有生存的空间。开一家书店，时而自己陶醉于书海，时而与友人煮酒品书聊人生，是爱书之人都深深向往的。但是，如果开书店只讲情怀不讲钱，那肯定不是长久之计，肯定会倒在成本压力之下。

市场对实体书店有需求，但是单纯的卖书模式似乎已经走到绝路。同时我们也要看到，只要有需求在，实体书店就有实现价值的空间和机会，就能在市场竞争中蹚出一条路。怎样才能挖掘到实体书店的盈利点，正是本章节要讨论的话题。

回顾前文提到的大名鼎鼎的"诚品书店"，它用了整整15年时间，才从亏本状态中慢慢摸索出盈利之道。

创立于1989年的诚品书店，直到2004年才开始整体盈利，最先盈利的业务不是图书销售，图书业务到2007年才开始盈利。诚品书店经历了从"租别人的房子单纯卖书"，到"租别人的房子卖书也卖周边产品"，再到"自建物业卖书、卖周边产品，并把多余空间租给其他商铺"这一发展过程，从一家单纯的书店开始，逐步衍生经营触角，形成目前的生活产业与文创大平台，把人文、创意、艺术、生活融入商业，让公众借助阅读和书店这一载体，惬意地享受高品质的文化生活。同时，诚品书店也从租客逐渐变身为房东，让"书店"活得更有底气，远景也更加美好。

第一阶段，诚品书店以卖书为基业，从初期专卖艺术与建筑类图书起步，但是纯粹卖书的书店很难在竞争激烈的商业世界里盈利，书店面积越大，创办人吴清友先生赔得越多。

第二阶段，诚品书店转身成为"二房东"，门店内部分区域自用，部分区域转租出去。在台湾地区，诚品书店各门店的图书销售区面积占比差异比较大，20%~90%不等。在台北市信义、敦南这样的大店，图书销售区只占总面积的20%~30%，其余空间一部分留给自营衍生品牌，一部分以较高的租金转租给服装、文具、家具、化妆品、工艺品、餐饮、玩具、亲子乐园、艺术培训等业态，赚取租金差价。凭借诚品书店的金字招牌，有许多商户愿意入驻，门店内的商铺几乎没有空置。在竞争激烈的图书销售市场，诚品书店尚能儒雅地生存，主要依赖高利润的副业反哺低利润的图书销售主业。创始人吴清友先生说过："没有商业，诚品是活不下去的。"

第三阶段，诚品书店变身为"房东"，在苏州自建、自营"诚品商业综合体"。项目建成后，诚品书店通过对外销售住宅的方式回笼资金，收回建设成本，商业楼的一部分自用，剩下的直接出租。从诚品书店的盈利模式来看，这是一家"异类"的房地产开发商，它把文化"轻资产"项目与房地产"重资产"项目结合起来，让书店经营与房地产开发两种业态互为补充。

传统书店经营的关键在于，能够找到高利润的副业来支持低利润的主业——卖书，而卖书这一主业作为"磁铁"，吸引顾客来此消费，他们卖的是氛围，是感觉，是文化气息。如果书店单纯依赖卖书为生，基本注定商家的经营会捉襟见肘。书店在找到高利润副业的同时，若能在经营上做出自己的特色，例如图书的个性化特色、24 小时营业的特色等，则是锦上添花。

传统书店主业和副业的盈利点转换，是逆向思考的成果，要学会从问题的相反面进行深入探索。在市场需求尚未改变，甚至需求更加强烈时，如果一条路走不通，那么就应该及时换一条路径，同样可以把事业做起来，可以取得很好的经营效果。

四、找到支撑书店运营的资源

事实上，网络书店的竞争已达到白热化程度，而且单纯销售图书的网店很难创造高盈利，所以新进入者若是再以网络书店的形式加入战争，盈利最多也就是行业的平均水平。相反，在大家都不看好实体书店领域，若能做出新意，着力做精网络书店提供不了的服务，倒是有可能闯出一片天地。

在网络时代的今天，面对当当网、亚马逊中国、京东图书等网上书店的强烈冲击，实体书店以何种方式来满足市场需求，同时又能让自己温饱，甚至实现小康？

首先，从图书本身出发，因为书店的本质始终在于书——帮助读者用最少的时间找到一本喜爱的书。

书店除了在定位上明晰自己的角色之外，比如综合类、教材教辅类、古籍类、外文类、文艺类、专业类等，还可以通过精挑细选的推荐书目、别出心裁的导读赠言等方式，用文字或语言与读者深入交流。

其次，从实体书店顾客需求的角度出发——除了看书，这些顾客还需要哪些周边服务？

以书为"磁铁"，把顾客牢牢吸引住，以周边消费为盈利点，来推动或反哺书店的经营。

当然，更加理想的情况是，书店经营结合房地产开发，就像苏州诚品书店那样，取得一块土地后，其中一部分用于建设商业体，另一部分用于建设住宅，用多种经营的模式赚取高额利润，从而推动书店经营有特色、上层次。

书代表了知识，而知识就像一块具有强大吸引力的"磁铁"，可以把文人雅士、莘莘学子、学者名人，乃至学前幼童、普通民众等都吸引过来。等到这些顾客被吸引过来之后，再一步步来做他们的生意，从图书到各种周边产品，有了熙熙攘攘的客流量，有了优雅怡人的购物环境，再加上有各具特色、打动人心的产品，就一定能够带来很高的销售额和利润率。

1. 以书店为"磁铁"，以餐饮为盈利点

很多读者的休息时间就喜欢待在书店里，找书、选书、

看书、谈书，待上半天、一天，也会乐此不疲。

民以食为天，虽然有了精神食粮的陪伴，但是物质食粮同样不可或缺，读者的吃喝需求证明了"书店＋餐饮"模式的合理性。

书店与餐饮的结合，最早出现的形式是"书店＋咖啡"，将咖啡馆开进书店。在这一方面，诚品书店让很多消费者印象深刻，进入他们的门店，书香加上咖啡香的"复合味道"打破了传统书店的沉闷氛围。耳熟能详的言几又、钟书阁、方所、西西弗、单向空间等书店，也已纷纷打造"书店＋咖啡"模式，并且内容越做越丰富。

"书店＋咖啡"的模式有效延长了顾客在书店的停留时间，进一步把精品书店、情怀书店的感觉融化在顾客心中，让读者愿意把更多的时间留在书店里，认真寻找喜爱的图书。更重要的是，书店在卖书的同时，把具有较高盈利能力的咖啡一并销售出去，让顾客的买书行为转化为体验性消费，而且香浓的咖啡也可以成为消费者下一次进入书店的理由之一。

当然，"书店＋咖啡"的模式还有另一种具体做法，那就是读者在书店消费达到一定金额后，就可以获赠一杯免费咖啡。这种做法有些类似于香奈儿（Chanel）2017 年 4 月在上海静安寺地区开设的 Coco Café 限时咖啡店，Coco Café供应的是咖啡，但是它意在促销香奈儿的唇膏、指甲油等美妆用品。香奈儿希望消费者能够仔细体验其美妆产品，体验结束后奉上一杯咖啡，增强与消费者的互动。

"书店＋咖啡"的模式只是一个引子，如今这种将文化与餐饮消费相结合的书店非常受欢迎。在书店特质的基础上，加入能留住消费群体的经营元素，既吸引了更多人气，也营造了新的休闲氛围。

书店与餐饮结合的模式还有很多，比如读者渴了，可以品尝到一杯香气四溢的港式奶茶；天气热了，可以喝到一杯冰镇的德国啤酒；正餐时间，可以选到能填饱肚子又不失美味的汤面套餐；用餐以后，还可以来杯酸奶，搭配上干果、水果、蜂蜜、奶昔等，总能选择一个自己喜欢的味道；下午茶时间，可以品尝到精致的慕斯蛋糕，再配上一杯鲜榨橙汁……这些与书店结合的餐饮场所不会太嘈杂，也会为顾客设置好灯光环境，提供一个能让人真正静下心来好好看书的地方。

在"书店＋餐饮"的模式流行之前，市面上已经有"餐厅＋书房"的先例。

2013 年 8 月开业的和府捞面，定位为体现中式文化的中高端面食餐厅，是一家开在书房里的捞面馆。店面设计将中式书房和面馆相结合，采用中国传统文化的代表元素，打造一个书香气息十足的面馆，例如大红灯笼、圆形镂空屏风、文房四宝、龙头水井、画轴、太师椅等。除此之外，店面里的陈设也大部分与书有关，墙上"饱读天下书，尝遍天下味"的字幅，书架上有文史政经等各类书籍，他们把书房和捞面结合在一起，向快节奏生活的人们倡导一种慢生活方式——静下心来，关注心灵，在禅意围绕的环境中一边体验中国传统文化，一边满足味蕾需求。

和府捞面采用先点餐再找座的方式，我们常会看到，消费者点餐完毕后，将餐卡插在定位送餐器上，随手拿起附近书架上的书，等候美味的到来。用餐完毕，部分消费者会继续翻看手里的书，沉浸于阅读之中，流连忘返。

在"餐厅＋书房"的模式中，和府捞面的主业是卖面，所提供的书都是免费在店阅读的。我们所讨论的"书店＋餐厅"模式，可以把书店和餐厅的经营重心对换，但是餐厅仍旧是主要盈利点，书店是为餐厅吸引顾客的"磁铁"。

2. 以书店为"磁铁"，以培训班、绘本馆为盈利点

有人评论说，目前有两类人的钱最好赚——孩子和女人。

年轻一代的家长们在孩子身上的付出意愿非常惊人，为孩子支付培训费的时候非常大方，这也为我们书店经营指明了一条新的路径——"书店 + 培训"。

当今，市面上的少儿培训班不胜枚举，种类非常多，同一类型的选择也非常多。家长们在为孩子挑选培训班时，选与不选的判断标准是什么——培训班的名气、师资、学习氛围、安全管理和效果。

书店开办培训班有自己独特的优势，因为书是文化的象征，书店具有"书生气"的品牌形象，书店也确实有办法像"磁铁"那样吸引"家长粉丝群"。同时，培训班不仅能够以较高的盈利帮助书店的经营，也能在一定程度上为书店输送客流，例如接送孩子的家长，书店能为其提供舒适的等候方式，家长在阅读的过程中消遣等候时间，阅读的时间长了、次数多了，购买图书的概率也就提高了。

在深圳，有一家从培训机构"多维教育"中衍生出来的书店品牌——尔遇书店。尔遇书店创建于 2017 年 5 月，他们租用了一栋办公楼的一、二层部分空间，总面积约 700 平方米，一层卖书，二层用于互动交流，经常举办讲座与沙龙，而与之同门的多维教育培训班就位于书店楼上。

开办尔遇书店的初衷是为了陪孩子上课的家长们能有一

个休憩之地，毕竟家长的消费体验也是非常重要的，书店既可歇息，亦能充电。当然，书店也可以作为多维教育培训的课堂，作为很多课外活动的举办场所。

尔遇书店以教育类图书为重点品类，他们为家长、学生和老师分门别类地推荐书籍，号召大家按图索"书"，借助阅读充实自己。书店推荐了很多经典的教育著作，比如《荣格自传》《全脑教育法》《面向未来的世界级教育》等，这些世界级教育家的作品往往也是与他们的培训课程相关的，让书店与培训业务相互促进。

"书店＋培训"的模式还有很多成功之处，能够让书店成为孩子们向往和喜欢的地方，让孩子养成阅读的良好习惯，也让书店成为实现教育理想的另一块试验田，英语、绘画、书法、朗诵、棋类、机器人、编程等都可以是这块试验田的种子。通过书店吸引到消费者，通过培训为书店经营提供利润支撑，从而实现互补共赢。

除了"书店＋培训"以外，"书店＋绘本馆"也是很好的模式。

在倡导全民阅读的今天，儿童阅读逐渐成为家长们关注的话题，各种类型的绘本馆如雨后春笋般应运而生，向孩子们提供国内外经典绘本，也配备一些儿童早期教育书籍，可以算是一座小型的主题图书馆。

绘本馆的运营模式以现场阅读、借阅、出售儿童绘本等服务为主，同时配合开展以阅读为主题的亲子故事会、创意美工、小剧场等儿童早期教育活动，还可以销售或借阅家庭教育类图书，组织亲子活动、父母培训和交流分享会等。

从绘本馆的经营目标来看，搭配主题书店是一项不错的组合，例如儿童主题、家庭教育主题等。主题书店的存在，为绘本馆吸引到目标客户群——家长和孩子，而绘本馆的经营，又能为主题书店补充经营资本。

3. 以书店为"磁铁"，以沙龙、主题讲座为盈利点

实体书店的成本中占比最大的是房租费用，一般情况下，房租会占到书店经营成本的30%~40%。

既然书店已经租用了店铺，就可以利用这些空间举办一些沙龙或主题讲座，一方面书店能够为沙龙和主题讲座吸引客流，另一方面沙龙和主题讲座能够收取部分场地租金。

如果你的书店内有一张宽大的桌子，可以读书写字，也可举办中小型沙龙或主题讲座，在这里大家能够近距离围桌而谈，营造出一个温馨交谈的小区域，让沙龙和讲座更有特色，更有吸引力。有些机构需要定期组织讲座和沙龙，但

是缺少相应的场地，酒店的会议室租金又比较高，我们书店的环境优雅安静，与讲座和沙龙的契合度高，完全可以将场地租给有需求的机构。当然，我们书店也可以围绕专门的主题，自主组织沙龙和讲座，开始阶段可以免费参加，不断集聚人气和影响力，后期就可以用预售、众筹等方式解决成本，从而降低书店的资金压力。

4. 以书店为"磁铁"，以创意文具或周边产品为盈利点

诚品书店的一大特色就是在图书的旁边摆放相应品类的商品，如文具（以手账本、胶纸、信笺为主）、创意产品、装饰品等，商品的种类与图书的内容或主题相近。例如，在食谱的旁边是日式风格的精致可爱的碗碟茶具，手工手作类图书旁边是精美的手工艺品。诚品书店最先盈利的商品不是图书，而是以书为"磁铁"吸引顾客进行多重消费，所谓的"杂货商品"才是真正的利润源泉。

这些创意性的文具、装饰品，因其有特色、可爱、精巧而深受年轻人的青睐。很多时候，只要这些创意产品被发现了，就能吸引顾客的注意力，就能激发顾客的购买欲望。平时，顾客如果去网上寻找类似的商品，很难在搜索栏中描述商品特征，即使找到相似的，也难以保证商品品质。

当然，对于创意产品和周边产品来说，除了等着顾客主动上门购买之外，还可以通过主题活动来宣传推广，让更多的消费者接触到这些商品。设想一下，在人头攒动的主题展会上，很多顾客都会踊跃购买自己喜欢的产品，因为充满热情的消费场面能够起到很强的带动作用，顾客在店里有了很好的消费体验，消费愿望自然会被激发出来。

5. 以书店为"磁铁"，以客栈为盈利点

"24 小时书店"的概念最早出现在台湾地区的诚品书店，对于普通读者而言，24 小时营业的优势在于，随时想去都可以，晚上不用担心书店关门，早晨也不用担心书店尚未开门。书店里随时都是读者专心阅读的画面，我们完全可以置身其中，静心品味书香。

我国大陆地区第一家 24 小时书店是 2012 年转型开业的大众书局福州路店，这家书店始创于 2005 年，石库门的装潢风格、良友海报、灰色墙面背景、仿煤油灯的暖色调灯光，让它看上去像一家小型艺术馆。可惜的是，2017 年 12 月，因租房合同到期，这家书店只能另辟新址，而且不再提供 24 小时服务了。

2014 年，位于北京的三联韬奋书店美术馆总店做出了一

项重大改革，变身成为"7×24"小时书店，这是北京第一家24小时书店。不过他们在2017年又改回类似"日班制"，经营时间为早八点到晚十点。

24小时书店的夜间经营虽然不需要支付额外的租金，但是人工、水电等费用也是一笔不小的开销。有的书店曾做过这样的计算，夜间营业额一般只占全天的15%~20%，而经营成本却要占到三分之一左右，单独看夜间经营是亏本的。24小时书店，更多的作用是社会公益和阅读引领示范作用，让那些需要夜间读书的"漂泊者"有一个宁静的阅读空间。

虽然24小时经营的书店会额外增加成本，但是我们也可以进一步打开思路，并以此为启发，改造出"书店+客栈"的经营模式。以书店为"磁铁"，吸引有夜读或夜宿需求的顾客，以客栈为盈利点，抵消夜间经营的额外成本，而且还会有一部分盈利。

被誉为"风滚草"之家的莎士比亚书店（Shakespeare & Company）位于法国巴黎，它的传奇历史可以追溯到1919年，由一位美国文艺青年创办而成，主要出售英文书籍。虽然莎士比亚书店在第二次世界大战期间曾因纳粹骚扰破坏而关闭，但是1951年另一位美国文艺青年又让它重生了。

莎士比亚书店就在巴黎圣母院附近，位于一栋建于17

世纪的古老建筑中，店内面积很小，但是却有三层楼，一楼是新书区，二楼是二手书和举办书友会的房间，三楼是经营者的住所。因为地方小，书又多，空间显得很局促，图书和其他物品的摆放也有一种随意的凌乱感，读者走在里面，总有一种会被书砸到的感觉。

书店的二楼有一张小床，读者可以免费在此睡觉，对于那些热爱文艺、热爱读书，却又刚好没钱的流浪者，这简直就是一个福音。在这张床上，曾经睡过三万多名来自世界各地的文艺青年。

莎士比亚书店虽然不以"留宿"赚钱，但这家经营了100年的书店，以及曾经受过帮助的三万多名"风滚草"，验证了"书店＋客栈"模式的可行性。

国内，已有一些"书店＋客栈"的概念店。

例如，位于重庆南山植物园的南之山书店。

南之山书店是一家集书店、民宿、展览、会议、餐饮为一体的复合型文化生活空间，其创始人受到日本茑屋书店的启发，将室外的山景引到室内，这间书店也被誉为"看得见风景的书店""重庆最美书店"。

南之山书店一共有四层，一楼可以阅读、就餐、看展览和电影，二至四楼可以住宿、观景。所有住宿的房间按照文学、电影、生活、旅行、音乐等主题进行分类，房间的书架上摆满了书，消费者可以免费阅读或者购买带走。书店的窗外能看到远山和城市，景色非常优美，可以说在南之山书店，好书、好景与好梦都在一起。

还有一个例子，位于天津的蚂蚁和海洋书店。

蚂蚁和海洋书店位于一栋独立的住宅楼内，书店租用了二层和三层，总面积约160平方米，其中二层50多平方米的空间是书店，旁边是厨房，可以提供简餐；三层有三个房间，可以开展很多活动，比如放映小众文艺类电影，也可以做课程教室，还有供住宿的床位。

书店主人就住在店里，把书店装扮得有一种家的味道。在店主心中，这家独立小书店拥有24小时经营形态——由书店、深夜食堂、咖啡馆、私塾和客栈等组合起来的一个空间，让留在店里看书、吃饭、住宿的人感觉很舒服。

以上几种模式告诉我们，虽然实体书店受到网络书店的冲击，虽然我们经常看到或听到关于实体书店倒闭或经营困难的情况，虽然书店单纯靠卖书很难赚钱，但是实体书店可以转变角色变成"吸金石"。

构建书店的成功商业模式，就是要想办法让书店成为"吸金的磁铁"，把顾客吸引到书店中，再用更多更好的商品或经营形式让顾客消费，增强盈利能力。对于部分书店来说，可以通过提高图书的专业性、可读性，打造传播范围较广的良好口碑，来实现盈利，但是这需要经营者长期积累和研究图书，需要持续投入资金和热情。

第 四 章

由劳动力密集到额外收益

——构建制造业的成功商业模式

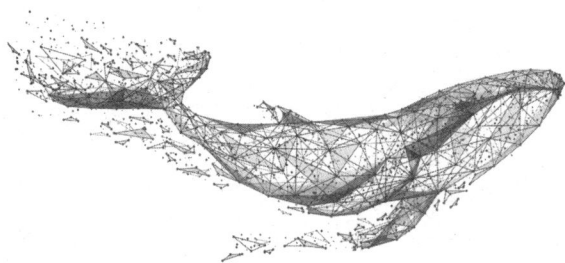

　　商业界曾经有这样的说法："论赚钱能力，金融业排第一名，房地产业排第二名，然后才是实体经济，而制造业又是实体经济中最难赚钱的。"

　　哪些行业属于制造业呢？

　　制造业的范围很广，在我国主要分为三大块。

　　第一大块是轻工业，约占据我国制造业的30%，主要包括食品、饮料、烟草、服装、皮革、木材加工业和纺织、印刷、家具制造业等，这一类产业与我们的日常生活密切相关。

　　第二大块是机械、电子制造业，约占我国制造业的37%，主要包括机床、专用设备、交通运输工具、机械设备、电子通信设备、仪器制造业等。

　　第三大块是资源加工工业，约占我国制造业的33%，主要包括石油化工、化学纤维、医药、橡胶、塑料、金属加工等。

　　工厂多生产一颗螺丝钉，在布匹上多印一条花纹，都需要付出实实在在的人力和物力。即使实现规模生产，有高科技设备的辅助，生产效率得到提高，但是单个工人、单台设备的生产能力始终没有办法突破上限，所以制造业具有先期投入大、投资周期长、利润率低等特点。

相反地，以银行、保险、信托、证券和租赁等行业组成的金融业，几乎不需要购买大型机器设备，员工规模也远远小于制造业，但是金融业的整体盈利能力却超过制造业。

虽然制造业难赚钱，虽然制造业竞争激烈，但是在其不同的细分领域中，仍然有一些出类拔萃、盈利能力比较强的企业。我们将在下文挑选生活中比较常见的企业，重点讨论不同类型的制造业企业在经营中遇到的挑战与机遇，以及制造业该如何构建自己的盈利模式。

一、我们的生活被制造业包围

鉴于制造业涵盖的范围很广，不同细分领域的成功商业模式也不尽相同，有的经营者靠"专一"取胜，有的则依托

"善变"取胜，有些领域只要做好自己就行，而有些领域则要掌控产业链的全部环节。

下面，我们从日常中生活比较常见的领域出发，谈谈身边的制造业。

1. 专一取胜型

衣食住行是我们人类的基本需求，尤其是"食"，是排在第一位的生活必需品，而食品制造业的成功商业模式就属于专一取胜型。

前文曾提到，人们对食品的味道有惊人的记忆力。例如创立于 1886 年的可口可乐，历经 100 多年的发展，在饮料细分领域内，其销量和利润率一直名列前茅，这不是因为他们的技术多么先进，而是因为始终如一的口感和味道，这让消费者形成了强大的味觉记忆和消费习惯，并且能够一代影响一代，将这份热爱传承下去。美国人甚至把可口可乐的配方认定为美国的精神和文化，不接受改变。

在人类的感觉能力中，味觉具有强大的惯性，即便味觉记忆被隐藏多年，依然可以被瞬间唤醒，就像漂泊外乡的游子，他最怀念的菜是小时侯妈妈做的菜，最根深蒂固的喜爱是妈妈的味道。"古早"一词在福建闽南地区以及台湾地区用得比较多，古早味的食物，一般都具有比较久远的历史，是根据代代相传的制作方法做出来的。一种食物被烙上"古早味"的标签，都会让人十分怀念。

　　台湾地区有很多小吃源自经济困难时期，当年的饮食朴素而简单，多以腌渍的手法为主，菜脯、竹笋干、咸菜、猪油拌饭都是随手的美味。这种简单的饮食做法因为被人们喜好而流传，人们在传承的同时加以点点滴滴的改进，古早味就成了具有历史情感的滋味。

　　这些原始的经典味道，会被人们记住，也会成为几代人的美食，时间的积淀成了它们的天然护城河，新进美食难以打破古早味的优势地位。

　　在食品制造领域，正因为消费者会忠实于喜爱的味道，我们就应该在拳头产品上持续深耕细钻，食品领域的产品多元化不一定是通往成功的捷径。下面，我们来看看专注于酱油这一小小调味品的海天味业，看看他们30多年如一日，如何从一家规模不足1亿元的酱油厂发展成为市值2000亿元的大企业，成为调味品行业的领军品牌。

　　早在清朝年间，佛山就有很多传统酱园，而且酱油等调味品自古就有，具有深厚的饮食文化积淀，与人们的生活紧密相连。佛山人做菜，都喜欢以酱油为调味品，几乎顿顿离不开酱油。海天味业生于佛山、长于佛山，20 世纪 80 年代，海天味业还只是一家规模很小、没有太大影响力的国有酱油厂，1994 年改制成为职工个人和国家共同出资的有限责任公司之后，海天味业始终坚持深耕酱油这个调味品，确保把酱油产品做到规模最大、品质最优。

海天味业主要从两个方面入手，一是精于产品制作，从原料选购，到产品灌装，全部九道主要环节都实行严格的质量管控，力争在控制成本、优化生产的同时，生产出优质产品。例如，海天蚝油的生产由电脑控制所有熬制程序，并实行在线检测，保证产品质量的稳定性和优良率。二是提高生产能力，布局营销网络，包括引进国外先进生产线，新建生产基地，优化销售渠道网络，健全分销商制度，扩展销售终端数量等。

到 2011 年，海天味业逐渐尝试将业务扩展到调味酱、蚝油、腐乳等调味产品。由于调味酱、耗油的制作工艺与酱油相互关联，海天依托自身的生产能力进行自主研发。对于不擅长的其他调味品，海天则采用收购战略，到 2014 年，海天已形成多品类（调味酱、蚝油、腐乳等调味产品）、大单品（酱油）的产品格局，营业收入突破百亿元。

从"辨识度"的角度来看，油盐酱醋等调味产品属于低辨识度产品，也就是说，普通人很难从价值高低的角度去辨别产品优劣，更多的是从品牌的角度鉴别产品好坏。对于这类低辨识度的产品，要想赢得市场，主要靠创造品牌优势。品牌运作有其自身的特点，在 B2B（企业对企业）市场中，品牌运作能够发挥较好的作用，而在 B2C（企业对个人）市场中，这种作用往往不够明显，因为 B2B 市场能够快速积聚力量，品牌传播的穿透性比较好。

调味品的主要铺货渠道是餐厅（企业行为），餐厅也是调味品赢利最快的渠道。调味品企业对餐厅的 B2B 销售方式，与调味品低辨识度的特性相吻合。每家餐厅，特别是中档以上餐厅的菜式都有固定的制作要求和选材模式，一旦选择了某个品牌的调味品，就具有较高的稳定性，因为更换调味品就意味着要改变菜品的味道，这种改变的风险和成本都比较高。如果一家餐厅选择了某个品牌的调味品，就会努力形成消费习惯，对该品牌调味品的需求量会非常稳定，这种稳定也很难被竞争者所打破。

目前，海天味业在餐厅渠道取得的销售额占总销售额的70%，且在餐饮行业的地位强势而稳固，尤其是在中端和低端餐厅已经形成绝对优势。其中，海天酱油和蚝油在餐厅的使用普及率已超过 50%，以其明星产品——草菇老抽为例，该产品几乎垄断了餐饮行业的老抽市场。能够取得如此优秀的市场占有率，先入为主是优势之一，而稳定的产品品质和高性价比才是致胜的"武器"。据说，专业厨师一眼就可以分辨出哪些菜品使用了海天老抽，因为用草菇老抽烹制的菜会略带金黄色，并且保持时间较长，其他品牌的酱油很难做到这一点。

除了海天味业的成功范例之外，执着坚守某一细分领域的镇江恒顺醋业、贵阳老干妈、驻马店王守义十三香等，都是食品加工行业中"不忘初心"的成功者。

2. 善变取胜型

食品行业需要不断地深钻细研、做专做精，以"专一"取胜，但是电子产品行业就截然不同，如果固守原地、故步自封，即使有过一时的辉煌，也难以持续很长时间，终将在某一次市场潮流的切换过程中溃败下来。下面，我们分别讨论智能手机行业的两个案例，即由盛转衰的多普达（HTC）和后起之秀小米。

我们先来回顾一下智能手机在全球的发展历程。

2007 年 1 月 9 日，乔布斯在旧金山发布了第一代 iP-hone，2007 年 6 月 29 日，第一代 iPhone 正式发售，低容量

（4G）版本 499 美元，高容量（8G）版本 599 美元。虽然价格不菲，但第一代 iPhone 作为智能手机的开创者，依旧创造了持续热销。

2008 年 6 月 8 日，新二代 iPhone 发布；2009 年 6 月 8 日，第三代 iPhone 发布；2010 年 6 月 7 日，第四代 iPhone 发布，这就是很多人从此为之疯狂的 iPhone 4。iPhone 4 在国内于 2010 年 9 月上市，苹果公司首次与国内运营商签下供货合同，接着 iPhone 4 的宣传广告铺天盖地，随处可见。

从 2007 年 6 月全球首款智能手机上市，到 2011 年年初国内智能手机市场被真正点燃，这段时间是我国智能手机行业发展的起步阶段。

在当时的环境下，从需求端来讲，能用得起 iPhone 4 的消费者毕竟是少数，多数人仍在使用传统的按键式手机（即功能机），而按键式手机市场被诺基亚和摩托罗拉所垄断。从供应端来讲，智能手机产品虽已萌芽，液晶屏技术发展也在日新月异，但能够看清手机发展趋势，并且有胆量、有能力在智能手机领域放手一搏的企业却少而又少，我国台湾地区的宏达电 HTC 和韩国企业三星就是两家代表企业。

在模拟手机和数字手机市场中，HTC 的表现并不抢眼，但因其较早开始研发生产智能型大屏幕手机，HTC 在智能型手机时代夺得了先机。在苹果手机流行之前，HTC曾经是智能手机的领军品牌。

2007年6月，随着iPhone 1的落地生根，HTC首款使用液晶触摸屏的手机HTC Touch也跟随上市，逐步打开了HTC的知名度。2007年年底，HTC推出了TyTN II手机，采用全键盘设计，但并没有引起很大反响。2008年年初，HTC推出HTC Touch Diamond，由于其各方面性能与当时震惊市场的iPhone手机不相上下，市场知名度迅速提高，HTC品牌知名度开始越来越大。2008—2009年年底，HTC陆续发布多款手机，包括世界上第一款安卓（Android）手机，持续受到市场关注。

2008—2011年期间，HTC实施"机海战术"，连续推出40多款手机。这段时期可以看作智能手机起步阶段，整个市场从无到有，苹果、三星、宏达电HTC这三家企业是市面上最早量产智能手机的企业，也是当时独有的三家。

苹果、三星、宏达电HTC，他们的经营策略都是主攻高端智能手机，产品定价都在人民币5000元左右，目标是吸引高端商务人士购买。在这个阶段，三家企业的销售业绩和利润都在一直上升，尤其是苹果的总市值达到近4000亿美元，成为全世界市值最高的上市公司。宏达电HTC的股价从

2008 年 11 月的 300 台币（折合人民币约 60 元）猛涨到 2011 年 4 月的 1300 台币（折合人民币约 260 元）。

在智能手机三强鼎立的形势中，改变中国手机行业游戏规则的小米公司诞生了！

小米公司成立于 2010 年 4 月，2011 年 7 月宣布进军智能手机市场，此时正是苹果、三星、HTC 赚取高额利润的时代。

2011 年 12 月，小米手机开始第一轮开放购买，结束了国产智能手机行业中没有强势品牌的历史，应该成为我国智能手机市场发展的里程碑。早在当年 9 月，小米手机就正式开始网络预订，其手机售价不到三家大品牌的一半，半天内预订超 30 万台，取得重大成功。12 月 18 日，小米手机第一次正式上市发货，5 分钟内卖完 30 万台，每台售价 1999 元。

小米打出了"1999 元低价 + 高配置 + 互联网营销"三张牌——远低于当时同类产品的价格和前所未见的营销手法，让小米手机一夜成名。当时很多人想用智能手机，但是又买不起苹果、三星、HTC，而小米手机瞄准这个痛点，迅速填补了这个空白。每到新一轮小米手机开放购买的时间，小米官网上就会无比拥堵，千万"米粉"在电脑旁边准备试试手气。"抢到小米手机就是赚到"，这似乎成了开放购买前最有力的宣传语，小米的"饥饿营销"让越来越多的消费者加入到"米粉"的行列。

2011 年之后，随着小米公司以互联网企业的身份进军智能手机市场之后，华为、联想、摩托罗拉、华硕等传统手机厂商也转向智能手机市场，不断瓜分着被苹果、三星和 HTC 霸占的智能手机份额。与此同时，夏新、熊猫、波导、南方高科等传统手机厂商，在智能手机时代因转型不及时、研发力量不强，而逐渐被边缘化。

随着智能手机制造技术的日益成熟，小米及其他国产品牌大幅崛起，智能手机的成本不断下降，产量也在迅速提高。智能手机不再仅仅是高端消费品，更多的普通消费者也陆续用上了智能手机，小米手机依靠"综合税后净利率不超过 5%"的承诺，更是成为低价格高品质的代名词。随着智能手机的普及，智能手机的发展开始进入成熟期。当时的智能手机生产商分为两大阵营，一大阵营是由小米公司等企业主导的中低端手机阵营，目标客户是普通消费者，产品价位在2000 元以下。另一大阵营是由苹果、三星、HTC 组成的高端机阵营，他们把目标客户锁定在高端商务消费者，产品价位锁定在 5000 元左右。

聚焦中低端智能手机的小米公司等企业，不和苹果、三星直接竞争，反而去充分挖掘市场上追求物美价廉的普通消费者，产品质量虽然比高端产品差一点，但售价却比高端产品便宜很多。以小米为例，小米手机追求规模效应，为了降低生产成本，致力于打造单一机型；小米的零件生产、组装全部委托其他企业代工，防止了固定资产占用大量资金；小米采取限量发行，开展饥饿营销，让抢购的场面带动更多的消费者；当时小米手机不做广告，这也省下了大量营销费用；小米仅通过网络销售，可以省下很多销售终端的建设和维护费用；建立小米之家，在低价手机领域中，也创造出更胜一筹的品牌归属感。

当小米公司等企业崛起时，HTC 的研发、生产、营销仍旧锁定在高端智能手机领域，与苹果和三星展开直接竞争。HTC 走的是机海战略，产品设计制造涉及多种机型，可以让高端消费者有更多选择；HTC 的产品全部自行制造，并不委托其他企业代工；HTC 在营销方面邀请国际名人代言，在各地自建了很多销售网点，这些都增加了部分营销费用。可惜的是，HTC 在高端手机市场难以和苹果、三星竞争，在新开辟的中低端手机市场上，又受到小米、华为等众多品牌的阻击。从智能手机的开创者和领军品牌，到高不成、低不就，HTC 的销售业绩直线下滑，股价也从 1300 台币的高点快速

下跌，最低跌至 130 台币（折合人民币约 26 元），只有原来
市值的十分之一。在全球智能手机市场发展如火如荼之际，
HTC 却销声匿迹，跌入低谷。

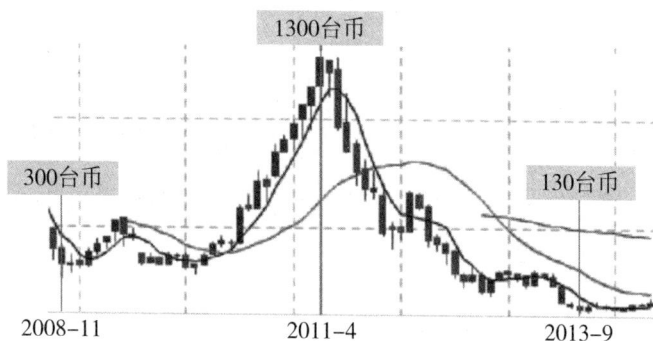

图 5 2008—2013 年，HTC 的股价变化
（数据来源：宏达电股价走势及年报）

　　几年前，如果在小米、华为等中低端品牌立足未稳之
际，HTC 能够看清行业结构的发展变化，迅速调整产品策
略，凭着品牌知名度和先进入者优势，锁定 2000 元左右的中
低端市场和普通消费者，积极引入互联网思维，研究创新目
标市场的产品和营销策略，凭借着台湾地区在电子产品零部
件制造方面的优势，充分开发和依靠代工产业链，或许在如
今的智能手机市场上，我们依然可以看到光芒夺目的 HTC。

　　2015 年之后，智能手机已经全面普及，市场增量开始
逐步减少，小米公司除了在手机市场继续耕耘之外，也开始

切入智能硬件生态产品，例如智能手环等可穿戴设备、家用机器人、智能家居、出行机器人、手机配件、VR（虚拟现实）、车载硬件等，同时开始着手建立全球最大的消费级物联网平台（IoT），连接超过 1 亿台智能设备。

2018 年 6 月 7 日，小米公司通过了香港证券交易所的上市聆讯，估值约 800 亿~1000 亿美元。正如招股说明书所言："有一天，小米能够带来平等，让所有人都能轻松享受科技带来的美好生活。"

3. 全产业链掌控型

"专一取胜型"企业也好，"善变取胜型"企业也罢，我们在上文中讨论的企业，都是集中精力攻克产业链的某一个环节。在本节中，我们将以台湾地区鸿海精密（富士康的母公司）为例，谈谈制造业中另一种拥有十八般武艺的"全产业链掌控型"企业。

这类企业因为自身掌握着丰厚资源，控制着产业链的上下游，同时有能力以"母鸡带小鸡"的形式，培养出一批自食其力、有发展潜力和成长空间的子公司，从而壮大整体实力。

说起鸿海精密或者富士康，也许你并不熟悉，但只要提到苹果手机 iPhone 的"代工皇帝",你一定会有所耳闻。自从 2007 年 6 月 29 日苹果公司推出第一部手机开始,鸿海精密就随之名声鹊起。在巅峰时期,鸿海精密 60%~70% 的收入来自苹果公司。除了苹果手机,鸿海精密还为苹果公司生产 iPad、为亚马逊生产 Kindle、为索尼和任天堂生产游戏主机、为软银生产机器人 Pepper、为惠普生产服务器。但是,"代工皇帝"的利润率实在太低了,鸿海精密并不满足于此,他们希望能够从制造业微笑曲线的低谷走向曲线的两端,生产出自己的高附加值科技产品,做到全产业链布局。

我们来看看鸿海精密是如何一步一步实现的?

从"代工皇帝"到全产业链布局,又给他们带来多少效益?

鸿海精密的创始人郭台铭先生于 1974 年开始创业,成立了鸿海塑料企业有限公司,主要生产黑白电视机旋钮等塑料产品,1977 年转型组建模具厂。1983 年,他们利用从日本进口的新设备,研发成功计算机连接器,开始与计算机厂商合作,同时也积极尝试与美国知名企业合作,例如 IBM、英特尔、康柏、戴尔等。20 世纪 90 年代,个人电脑及互联网市场迅速成长,鸿海精密借此机会快速发展,至 2000 年鸿海精密的市值突破 1000 亿新台币。此时,鸿海精密在 IT 产品的大规模生产制造领域做到了全球领先，成为全球最大的电脑整机和零部件生产企业，以及全球个人中低端电脑的主要制造基地。

鸿海精密在代工（OEM）领域做到了全球第一，它以规模最大化、成本最优化而著称，再加上技术和专利优势，把代工做到了极致，从苹果到惠普、索尼、任天堂等众多全球IT业巨头，多年以来始终都是鸿海精密的稳定客户。与单纯进行组装代工的厂商不同，鸿海精密所能承担的业务范围包括外观设计、产品制造以及量产后的物流和产品维修等，也就是说，除了产品创意、尖端研究和终端销售以外，鸿海精密都包揽了。

2000年之后，鸿海精密通过并购积极扩大企业规模，每年市值增长都超过2000亿新台币，2005年的总市值突破1万亿新台币，超越伟创力成为世界上最大的电子制造服务工厂（EMS）。2007年年底，鸿海精密的市值达到历史高点——3万亿新台币。事实上，2008年之后，鸿海精密的利润率也触及顶点开始下滑，从2005年的5.4%，一路降至2011年谷底时的1%。

利润率的不断下滑，让鸿海精密激发出这样一种念头——从单一制造业企业向研发和制造兼有的复合型企业转变。要想转变，势必要向整个产业的上游或下游进行突破，在成功的先例企业中，多数都选择向下游渗透，做自有品牌。例如成立于 1972 年的台湾地区巨大机械股份有限公司，依靠代工在 1980 年成为台湾地区最大的自行车制造商，随后在 1981 年创立自有品牌捷安特，进而成为全球领先的自行车制造商。又如宏基（Acer）电脑也是靠为 IBM 做代工起家，之后开创自有品牌。

如果选择大规模向下游渗透，做自有品牌，就会放弃原先的代工模式，成为原先客户的竞争对手。对于在代工领域已经做到全球领先的鸿海精密而言，从头开始做自有品牌，很有可能会丧失苹果公司等大客户的海量订单，代价实在太大。权衡之下，鸿海精密选择向产业链上游渗透。

早在 2003 年，郭台铭先生就成立了群创光电，2009 年又收购了知名液晶面板厂商奇美电子，进入 TFT-LCD 面板生产领域，并将它打造成世界第三大 LCD 制造商（仅次于三星电子和 LG 电子）。

2012 年，鸿海精密开始筹备收购日本夏普公司，夏普公司是苹果公司 iPhone 和 iPad 液晶屏的代工厂商。鸿海精密收购夏普，就是希望将业务领域延展至产业链上游的面板端，获得全球先进的液晶面板制造技术，也能够帮助鸿海精密降低对苹果公司的依赖。经过四年的谈判，鸿海精密于2016年3月完成对夏普的注资，收购夏普66%的股份。

2016年5月，鸿海精密子公司富智康携手芬兰新创公司（HMD Global）收购微软旗下诺基亚（Nokia）功能型手机业务，将接手其设计、制造、销售与售后服务。诺基亚有专利、品牌、渠道，富智康有快速、低成本的制造能力，鸿海精密收购诺基亚，立即取得了诺基亚在全球40~50个国家的销售团队以及分销部门的销售平台与渠道，等于布局了全球的手机销售渠道，为鸿海精密转型成为服务科技公司再添加更大的动力。

对智能手机来说，核心处理器和液晶屏是两块最大的成本，另外内存也很赚钱。因此，鸿海又在2017年开始准备收购东芝存储器业务，但最终因日方担心技术泄露而谈判失败。

公开资料显示，鸿海精密将会聚焦的下一代业务包括云计算、物联网解决方案、AI（人工智能）制造、5G等领域，随着全球智能机行业增长速度放缓，鸿海精密正在扩大代工以外业务。

鸿海精密向产业链上游顺藤摸瓜，积极布局全产业链，在这个过程中，资源丰富的"母鸡"（母公司）培养了一批

"小金鸡"（子公司）。在母公司的业务带领和资源支持下，很多子公司在各自经营领域已经出人头地。

"小金鸡"富智康于 2005 年 2 月（原名富士康国际）在香港地区上市（代码 02038），相关业务主要是很多品牌手机的组装业务。

"小金鸡"群创光电（2003 年购入鸿海精密旗下）于 2006 年 10 月在台湾地区上市（代码 3481），主营业务是 TFT-LCD 面板制造。

"小金鸡"亚太电信（2014 年购入鸿海精密旗下）于 2013 年 8 月在台湾地区上市（代码 3682），主营业务是宽带网络、宽带移动通信系统。

"小金鸡"夏普（2016 年购入鸿海精密旗下）于 1949 年在日本上市（代码 6753），主营业务以液晶面板闻名于世，其他产品还包括家电类、通讯类、办公类和太阳能产品等。

"小金鸡"云智汇科技（2016 年购入鸿海精密旗下）于 1994 年 4 月在香港地区上市（代码 01037），主营业务是智能工厂系统开发。

"小金鸡"讯智海（2016 年购入鸿海精密旗下，原名千里眼）于 2001 年 5 月在香港地区上市（代码 08051），主营业务是网络视频监控软硬件及应用开发。

"小金鸡"鸿腾于 2017 年 7 月在香港地区上市（代码 06088），主营业务是手机连接器。

"小金鸡"工业富联，即物联网子公司"富士康工业互联网"，于 2018 年 6 月 8 日在上海证交所上市（代码 601138），其营业收入约占鸿海精密总收入的 35%，包括网络设备（网络交换机、路由器、机顶盒）、电信设备（基站、光传输设备）及网络电信设备机构件、智能手机高精密金属或高分子聚合物机构件、云服务设备等。

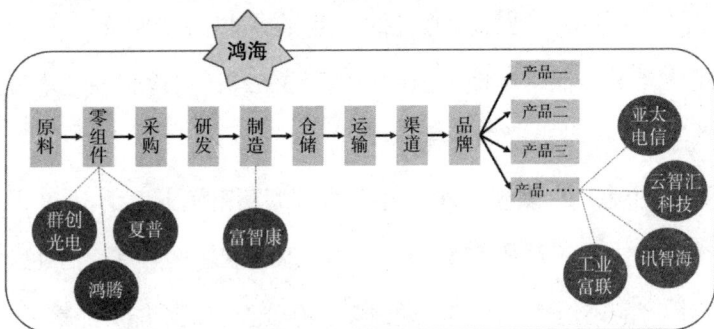

图 6 "母鸡"鸿海精密与"小金鸡"们

在"纯代工"时代，鸿海精密壮大了自身，"哺育"了富智康；在向产业链上游延伸的过程中，通过自建或收购等方式，鸿海精密利用自身积累的代工资源，在零部件生产方面扶持群创光电和鸿腾的成长，也让夏普重新焕发生机；而在业务领域进一步拓宽的过程中，鸿海精密同样以自建或收购的方式，借助自己的平台优势，为亚太电信、云智汇、讯智海、工业富联的发展提供了强大动力。

二、为什么制造业是公认的"难以赚钱"的行业?

不同细分领域的制造业，所存在的问题各有不同。有些行业不适合过度创新，有些行业又不能一成不变，但无论哪个行业，都需要耐心。

1. 创新意识未必取胜

上文提到，人们对食物的味道有长久的记忆力，深受消费者喜爱的味道具有极长的生存期。一种口味能否"保鲜"，关键在于它是否被大众认可，如果它已在众人心中根深蒂固，那么保持原味就是其生存发展的根本，贸然进行创新改良，反而会适得其反。

以方便面市场为例，行业领先者康师傅在我国大陆市场主打香浓口味的方便面，但是这种口味方便面在我国台湾地区却不受欢迎，因为台湾地区消费者习惯了清淡口味的方便面。同理，台湾地区方便面厂商主打清淡口味的方便面，这些产品在大陆的受欢迎程度就比较低，因为大陆的消费者早已习惯了香浓口味的方便面。我国大陆市场的方便面和台湾地区的方便面，就口味而言，可以说是各有优势、不分伯仲，关键是要符合本地消费者的口味，不要挑战或试图改变长期以来已经成为习惯的口味，因为习惯的力量很强大。

2. 一成不变也未必正确

如果你认为，制造业企业都学康师傅方便面就行了，那你可能走入另一极端，陷入另一种困境。

诺基亚和柯达都是世界知名的公司，而且都曾红极一时，他们把握住了产品生命周期中的某段或某几段，但在经营环境发生变化后，未能及时掌握新的产品生命周期，反而是在若干年后被产业发展趋势所抛弃，随着之前的王牌产品走向陨落，他们的品牌也逐渐被边缘化，被后进入者无情超越或取代。

诺基亚曾经在手机行业中傲视群雄、一枝独秀，在模拟手机市场和数字手机市场中，他们都处于领头羊的位置，

2000 年的市值是苹果公司的 24 倍。但是有谁会料到，到了 2008 年，诺基亚的市值首次被苹果公司超越，而 2011 年时其市值仅为苹果公司的 7%。

在 21 世纪初期的手机用户群体中，每个人心中都有自己心仪的一款诺基亚手机，它不仅仅是一部外观经典、续航能力超强、异常坚固的手机，它也是数学课上的计算器，上学路上的播放器。

2009 年，第三代 iPhone 发布时，智能手机时代的大幕已经拉开，消费者对苹果手机的追捧已逐渐形成，当时诺基亚推出的 N97 成为功能机时代的最后一位"王者"，售价高达 7000 元。

当手机市场进入拥有液晶触摸屏的智能机时代后，诺基亚的重心还是放在按键式功能机的研发和生产上，即便是他们意识到智能手机的重要性以后，其手机操作系统仍坚持使用自己的塞班系统，市场份额在安卓系统和苹果系统的夹击下，只能节节溃败。诺基亚没有有效应对技术发展和市场环境变化，没有及时调整产品策略，这是其丢掉手机市场领导权的重要原因。

2013 年，面对强大的苹果公司，以及安卓手机阵营的迅速发展，诺基亚推出了最后一款手机——Lumia1020 后，直接把手机业务出售给微软。

2007 年，苹果公司在智能手机起步阶段切入手机市场，并使用自身研发的苹果系统，赶上了智能手机的快速发展时代，其产品将科技和时尚完美结合，并且能够精准把握消费者的使用习惯，这让苹果手机的"粉丝"越来越多，让苹果公司后来者居上，成为目前智能手机市场的领先者。

再来看看照相器材和配件制造业曾经的王者——柯达公司。

1997 年年初，柯达公司的市值高达 310 亿美元，而到了 2012 年，仅仅 15 年之后，其市值已经蒸发了 99%。1997 年之后，除了 2007 年以外，柯达公司再无盈利记录。

又是一个大公司陨落的悲剧。

2000—2003 年，照相机市场开始由胶卷时代发展到数字时代。在数码相机逐步取代胶卷相机之际，柯达仍专注于胶卷和胶卷相机的研发和生产，缺乏应对市场环境变化的调整策略，这是柯达逐步退出市场的直接原因。

1975 年前后，柯达的胶卷业务已笑傲全球，牢牢占据美国 90% 的胶卷市场和 85% 的相机市场份额。与此同时，柯达在数码技术的研发领域也走在行业前列，只是他们始终把数码技术作为"小菜"，而将胶卷和胶卷相机带来的巨大现金流作为"主菜"，以致在多年以后的数码浪潮中陨落。1975年，柯达开发出世界上第一台数码相机，并将其应用于航天领域，但是他们没有想到将这一先进技术推广应用。1991年，柯达又推出了专业级数码相机，像素数达到 130 万，但是直到 1998 年才开始生产民用数码相机，其在数码相机领域的落后趋势已经开始显现。2004 年，柯达推出了 6 款姗姗来迟的数码相机，但其业务重点仍放在胶卷相机上。2005 年，柯达获得了美国数码相机市场销量的第一名，但是这种领先优势迅速被以尼康、佳能为代表的日本企业所超越。2012年，柯达申请破产，结束了长达 131 年的企业发展历程。

3. 耐心不足就会通往失败

据说，有一种毛竹刚出土后，经过 4 年时间，才仅仅长高 3 厘米，但是从第 5 年开始，它们会以每天 40 厘米左右的速度疯狂成长，只需要短短几周的时间，就可以长到 15 米，最高可以长到近 40 米。

在前面"不起眼"的 4 年之中，毛竹将自己的根在数百平方米之内的土壤中不断伸展，几乎所有的营养都提供给根部生长，以至于地面以上只长了 3 厘米。正是因为毛竹的根扎得够深、长得够广，才能为后续的快速生长提供足够的营养成分。

创业的能量，是需要充分储备的。世界上有很多创业者，没有熬过那 3 厘米，也就不会长到 15 米。耐心坚持，恒心坚守，这是最考验人心的，也是企业成长的关键力量！

马云曾说：今天是困难的，明天可能更加困难，但明天的明天却是美好的，但是有多少创业者，根本熬不过明天的晚上，就先行倒下，再也看不到明天的明天升起的太阳！因为他们所缺乏的，正是顽强毅力的耐心坚持！

创始于 1886 年的可口可乐。

起步于 1955 年的海天味业。

萌芽于 1976 年的苹果公司。

成立于 2010 年的小米公司。

看对了产业趋势，制定并执行了投资决策，并不代表就一定会成功，因为发展过程当中难免会遇到一些不确定性因素，也会出现一些干扰和阻碍发展的力量。能不能坚守创业时的梦想，能不能将规划与执行完美结合，能不能克服千难万险，就只能靠执着和耐性了。

只要你比别人稍微优秀一点，能再多坚持一会儿，就能赢得更多机会，就能看到胜利的曙光。这种成功概率的叠加，所形成的乘数效应会逐级放大，最终形成企业与企业之间的巨大差距。只有依靠耐心坚持、正确决策、实效落地，才可能成为最终的胜利者！

三、在红海中找到绿洲，捕捉制造业机会

制造业虽然竞争激烈，但仍旧有机会在红海中发现绿洲，每一个成功的制造业企业都有其成功之道，都值得我们去研究和学习。

1. 选择外资弱势的领域，精准发力布局

制造业的天地很广阔，在每个细分领域中都有领头羊，其中有很多是跨国公司的知名"洋品牌"。对部分消费者而言，"洋品牌"就代表着品质和价值，这与那些大型跨国公司长期的品牌塑造和技术积累有关系，我们中国企业要想进入这些领域，占得一席之地，就只能通过高品质、高性价比产品带来的核心竞争力。但是，我们也要看到，"洋品牌"既不是万能的，也不是"不倒翁"，他们也有自己不太擅长

的领域，也有品牌起伏的过程。在洋品牌弱势的领域或品牌发展的低潮期进行布局，是在制造业取得成功的捷径之一。

以国内饮料市场来说，可口可乐等外资企业在碳酸饮料市场稳居主导地位，但是在茶饮料市场上却无法找到立足点，这正是所谓的外资弱势的领域，也是我们国内企业精准发力的方向。

总体来看，我国饮料行业的产品及消费结构一直在发生变化，基本可以分为三个阶段。

1995 年之前，碳酸饮料一枝独秀阶段。

1996—2000 年，瓶装饮用水开始快速增长，压缩了碳酸饮料的一部分市场份额。

2001—2010 年，茶饮料、果汁饮料相继发力，市场格局从"碳酸饮料、饮用水、茶饮料三巨头"转变为"饮用水市场需求量大，其他饮料多元化"。这种发展趋势主要是因为健康化和功能化的消费需求，健康化缩小了碳酸饮料的市场空间，而功能化则带来茶饮料、功能饮料、咖啡饮料等各种类型饮料的成长。

茶饮料的先导者是旭日升，旭日升冰茶从 1995 年开始热销，它的技术特点是在茶饮料中充入碳酸气，一度占据了中国茶饮料市场 70% 的份额。国内另一家茶饮料行业的知名企业是康师傅，从 1999 年开始做茶饮料，并一直发展壮大至今，市场占有率曾超过 50%。2001 年以后，茶饮料在我国开始进入快速发展期，虽然其产销量仍远远落后于碳酸饮料，但茶饮料是所有饮料类别中增长最快的。

出于对中国茶饮料市场的乐观估计，2001 年以后许多知名企业进军茶饮料领域，其中包括可口可乐公司。2001 年，两大国际饮料巨头，雀巢和可口可乐各出资 50% 成立即饮茶合资公司——全球饮料伙伴公司（BPW），先后推出"茶研工坊""健康工坊""原叶"等 7 款茶饮料，但都因为各种原因未能成为市场主流产品，最终不得不放弃中国的茶饮料市场，而把目标市场定在欧洲和加拿大。

事实上，国内的茶饮料市场一直都被本土品牌所占据，外资企业虽然在资金实力、渠道以及产品营销方面有很多优势，但是一直难与本土品牌抗衡，市场占有率也比较低。究其原因，主要有两个方面，一方面是因为外资品牌对我国茶饮料市场不熟悉，对国人的口味和习惯的理解能力无法与本土企业相提并论；另一方面是外资品牌想要进入时，我国的康师傅、统一、娃哈哈等企业已经完成市场布局，要逆袭并非易事。

由于外资企业对中国饮食文化缺乏足够了解，深具中国特色、符合中国人口味特点的产品往往都是由中国本土企业先推出的，诸如冰红茶、冰糖雪梨、凉茶等。外资品牌在进入中国相关品类市场的时候，往往将西方时尚元素代入过来，走时尚路线，而忽略本土特色。

本土品牌在茶饮料占优，外资品牌在碳酸饮料占优，我们要深入研究国内市场的特点，结合本土元素寻找需求，这是制造业的立足点。

2. 跟随行业龙头，创造性价比

中国有 14 亿人口，约有 2 亿人处于中等消费能力以上的阶层，且该阶层的人数正在不断增加，所以说我们的消费市场的实力是全球数一数二的，任何一项产品，只要做出自己的特色——要么质量好，要么性价比高，要么是必需品，就不怕卖不掉。

2009 年以来，国内智能手机市场发生了巨大的变化，曾经是身份象征的苹果手机，曾经被很多人迷恋和追捧的苹果手机，其销量在逐年下滑。从 2016 年开始，苹果手机先后被华为、OPPO、vivo、小米等国产品牌超越，市场占有率越来越低。

苹果手机刚开始走红时，以一种全新的概念引领了智能手机潮流，苹果手机独有的操作系统，强大的处理能力和稳定性都受到消费者的喜爱，其功能、性能是当时国产手机无法匹敌的。虽然当时苹果手机的售价高出国产手机一大截，但权衡性价比之后，很多人还是选择了苹果，愿意为高性能的手机买单。

近 10 年以来，国产手机始终在模仿，在追赶，在创新。10 年前，iPhone 4 的"颜值"完胜当时市场占有率颇高的诺基亚，如今很多国产手机的外观性能与苹果手机不相上下；10 年前，iPhone 4 的操作体验具有强大的吸引力，如今国产手机无论在工艺技术、外观设计、电池续航、拍摄性能，还是系统流畅度等方面，都有了很大的提升。最关键的是，在"颜值"和性能差距日益缩小的情况下，国产手机的价格要比苹果手机低很多，在"性价比为王"的大市场中，人们对苹果手机的态度由盲目崇拜转为理性选择，更多人开始选择国产手机，导致苹果手机市场占有率"跌跌不休"。

由此可见，模仿——追赶——创新，紧跟行业龙头的脚步，在性价比上做到更胜一筹，就有办法赢得消费者，拿下更多市场份额。

3. 深耕产业链的核心环节

上文我们提到，从代工起家并逐步打造全产业链的鸿海精密，他们借助自身资源培养出多只"小金鸡"，在业界里拔得头筹。

事实上，能打通产业链上下游的企业并不是很多，这些市场强者多数具有深厚的发展基础，拥有广阔的销售渠道。例如中石化集团，从石油与天然气勘探开采，到石油化工炼制，再到化纤、化肥等产品的研发生产。又如中粮集团，通过种植、采购、贸易、物流、食品原料和饲料原料加工、养殖屠宰、食品加工、分销、品牌推广、产品研发等每一个环节，实现全产业链布局。

全产业链的商业模式，成功的关键在于整合和控制，但对于普通的中小企业而言，全产业链经营谈何容易，如果不能做到全产业链控制，那么掌握产业链的核心环节也是良策。

四、有的放矢，成为制造业的强者

鉴于制造业的分支较多，我们针对"专一取胜型""善变取胜型""全产业链掌控型"三大类制造业，分别举例说明制造业该如何走出困境，打造独具特色的商业模式。

1. 食品制造业要坚持专一取胜，警惕创新的陷阱

对于"专一取胜型"制造业企业，我们以顶新公司为例进行说明，其知名产品便是康师傅系列方便面。

台湾地区食品厂商顶新公司于 1992 年到大陆发展，事业发展历经起伏，终于成为食品业领军企业，尤其在方便面领域更是鲜有对手，它的成功可以说就是食品制造业的"教科书"。

1992 年，顶新公司的四位老板观察到海峡两岸的重要发展趋势：

一是 1992 年邓小平发表南方谈话，这对于进一步推动全面改革开放，推动国民经济持续快速增长具有重大历史意义。

二是当时很多台湾地区企业家都看到、听到了这个信息，但开始行动去抓住这个机会的人并不多。

三是台湾地区内部的发展机会有限，受资源和市场限制，他们很难与当时的食品大厂竞争。

四是只有在大陆改革开放的环境中，借助大陆的市场发展空间，才能把企业做大、做强，才会有机会超越其他知名

食品制造企业。在这种产业趋势下，顶新公司相信大陆市场的发展潜力，决定带上 1000 万美元到大陆一搏。

到大陆投资之前，顶新公司在台湾地区从事食用油生产和销售，所以他们一心想把台湾地区生产的食用油引入大陆，想从自己擅长的领域起步。顶新公司选择在天津建厂，把自己原来的食用油生产线和专业技术人才"打包"搬到大陆，开启了生产食用油的创业历程。当时大陆生产食用油的小厂很多，小厂的生产技术比较落后，成本也很低廉，所以产品中会有一些肉眼能直接看到的杂质。由于当时我们的经济发展水平和消费水平都比较低，很多商品都处于"满足基本需求即可，对品质没有太多要求"的层次，再加上长时间的消费习惯使民众普遍认为，有杂质的油才是"保真"的油，才是好油，而顶新公司花费高成本生产出来的清澈透亮的油、定价偏高的油，却没有得到消费者的认可，销售情况非常不好。

在生产和销售陷入困境以后，顶新公司无奈准备退出大陆市场，在最终决定之前，他们老板的一趟内蒙古之行，让顶新公司找到了新的产品领域，也看到了前所未有的尚处于空白阶段的市场。

由于饮食习惯和卫生条件的限制，顶新公司的老板不喜欢火车上售卖的食品，经常自带一箱台湾地区生产的方便面出差。在出差途中，他除了自己吃方便面以外，也会分给邻座的旅客吃。没想到，所有吃过的人都说那些方便面很香、很好吃，他紧接着问那些人，如果一碗面卖两块钱，是否可以接受？结果得到了肯定的答案。观察到这一现象，让顶新公司的老板非常兴奋，马上改坐回程的火车返回天津，和其他股东们商量在大陆地区生产方便面的想法。顶新公司认为，虽然生产食用油的创业失败了，但大陆地区的方便面行业还是一个空白，实际调研的反馈也很有利，改革开放的外部环境也非常适合发展，最后决定全力一搏。这次生产经营方向的转变，不但将方便面食品引进到大陆消费市场，更造就了顶新公司成为食品业领头羊的商业传奇。

在充分相信中国大陆市场发展潜力的前提下，顶新公司开始转型生产方便面。事实上，当时方便面的原材料供给充足，价格也很便宜，但是一些小型方便面厂缺少产品升级的技术，生产出的方便面口味一般，市场销量比较少，潜在的巨大消费需求没有被唤醒，方便面生产工艺较好的日本厂商还没有注意到中国大陆市场，这种天时地利的外部环境给顶新公司提供了广阔的发展空间。

在吸取了食用油领域的失败教训之后，顶新公司在方便面产品投产之前，进行了科学而充分的市场调查。

市场调查的结果表明：

• 当时的大陆消费者能够从整体口感、面条筋道、调料味道、食用方便性等方面，辨别出什么是"好吃的面"，什么是"不好吃的面"，并愿意为"好吃的面"支付较高的价格。

• 市场上已有的方便面呈现两极分化状态——本土产品低价低质（平均售价为 1 元），进口产品高价高质（售价约为 5~10 元）。如果能够生产出售价 1 元钱的具有更高品质的产品，一定能够获得成功；如果能够生产出售价在 1~5 元之间的具有更高品质的产品，也能够被市场接受。

• 大陆消费者喜好香浓口味的食品，方便面也要从"重口味"切入市场。20 世纪 90 年代初期，全国人民基本上解决了温饱问题，但是生活水平还不高，所以普遍比较喜爱油多、有肉、香味浓厚的食品，尤其是在北方地区和中西部地区。

经过了一系列市场调研以后，方便面产品的开发方向基本确定了，那就剩下最关键的生产能力问题了。顶新公司以前没有生产过方便面，没有专业成套的设备、生产线和技术工人。面对这个问题，顶新公司认为机遇不等人，不能依靠自己去购买、调试生产设备，不能从零开始去培养技术工人，因为那样会占用很多时间，但是市场机遇稍纵即逝。顶新公司整体收购了一家台湾地区的方便面厂，将设备和员工全部转移到天津的新厂房，在最短时间内实现了开机生产。

顶新公司为方便面注册了自有品牌"康师傅"，并首批推出适合大陆消费者口味的"红烧牛肉面"，定价为1.98元。

"红烧牛肉面"问世后，顶新公司从台湾地区聘请专业营销团队设计电视广告，全力推广"康师傅"方便面。由于当时电视广告刚刚开始流行，费用还比较低，他们在中央电视台的黄金时段密集投放广告，并建立多种模式的销售渠道，"康师傅"方便面迅速出现在各地批发市场、超市，甚至街头巷尾的小食品店。

由于口味香浓、方便食用、销售渠道广，"红烧牛肉面"一炮而红，迅速占领了天津和北京的方便面市场。之后，顶新公司加强对生产线的投资力度，积极向其他城市拓展，建立生产基地，巩固和拓宽销售渠道，通过大量广告宣传使"康师傅"的产品和品牌走向全国。1994年，顶新在广州和杭州分别建厂生产方便面，从而实现了生产基地涵盖中国大陆三大重要区域——京津冀、长三角、珠三角。为了抢抓机遇，顶新公司进一步通过生产基地的扩张来缩小生产供货半径，1995年进入武汉、重庆、沈阳，1996年进入西安等城市。随着生产规模的扩大，"康师傅"方便面仅用短短 5 年的时间，便成为中国大陆方便面市场的冠军，并于 1996 年在香港地区顺利上市。

在香港地区上市之后，"康师傅"在方便面产品上进一步做精、做细，加大新产品开发力度，不断研发出引导口味趋势的"爆款"产品。同时，他们积极建设新的生产基地，增加生产线，提高生产能力，不断巩固自身在方便面市场的领军地位，公司利润逐年增加。

深耕中国大陆方便面市场近 30 年，顶新公司对市场特征、产品需求变化及饮食文化的了解程度与日俱增，加上他们对市场信息反应迅速及时，所以"康师傅"的领先优势一直很明显。下面是"康师傅"品牌成长过程中的几个真实案例，从中我们可以看到顶新公司解决问题、瞄准细分、强化特色的成功做法，跟大家分享一下。

• 当时大部分方便面厂商都会给桶装方便面配备一次性筷子，但是筷子不能放进包装里，只能单独放置，这些筷子要么在运输过程中丢失损坏，要么在出售过程中忘记提供给消费者，所以经常出现"吃面时发现没有筷子"的问题。对于消费者而言，如果没有筷子，那么方便面就变得不方便了。面对这个问题，顶新公司别出心裁，不是紧盯着筷子丢失、遗忘的问题，而是创造性地将外置的一次性筷子改为内置的一次性叉子，让方便面回归"方便"的初心。

一次性筷子丢失的问题，在大部分方便面产品销售过程中都出现过，各家的解决方法不太一样，甚至解决问题的态度、反应速度也有较大差别，正是在这种差别中，体现出顶新公司的经营智慧和管理效率，让自己在市场竞争中赢得先机。当时顶新面对的竞争对手很多，有的实力雄厚，有的技术先进，有的产品特色鲜明，顶新公司能够脱颖而出的过程告诉我们，在面对千变万化的市场时，在遇到稍纵即逝的商机时，在应对经营困境甚至危机时，一定要反应迅速、直面问题，坚持用科学思维和方法解决问题。

• 在方便面"正餐化"之前，人们吃方便面多数是为了"应付"，比如在旅途中，在加班时，泡方便面时常常没有时间观念，倒入开水以后，便转身去做其他的事，等想起方便面要吃的时候，发现已经泡软了，口感非常不好。这本来应该是消费者的问题，可以说和生产厂商无关，但是会影响大家的消费体验，降低购买欲望。针对这个问题，顶新组织专门力量进行研发，改良方便面配方，使其无论水温高低和泡制时间长短，都不会影响口感和香浓的滋味。

将消费者的问题看做自己的问题，作为生产者，谁解决了这个问题，谁就能赢得消费者的喜爱，提高消费者的满意度。作为不同类型企业的经营者，我们也会遇到相似的问题，主动解决那些看似不痛不痒的问题，却可以帮助我们积累用户口碑和品牌忠诚度，像"康师傅"那样拥有70.6%的忠诚度，在同行业中遥遥领先。

• 顶新公司根据不同区域的口味特点，形成不同风味的方便面产品系列，真正满足不同地域消费者的口味需求，比如华东地区的江南美食系列，东北地区的炖系列，都取得了很好的市场销量。为了区隔目标市场，增加产品线广度，顶新公司形成了高、中、低各种档次的方便面产品，并于2005年创立"福满多"品牌，专门生产平价方便面，让"康师傅"品牌专注于中高端产品，防止细分市场冲击品牌形象，既满足了不同层次消费者的需求，也能够从容应对竞争者的价格战。

顶新公司在方便面行业一直保持着销售量、销售额和市场占有率第一名的好成绩，近几年的市场占有率保持在40%以上，针对其他竞争对手，一直保持很明显的领先优势。

"康师傅"方便面始终坚持专一致胜，做到万变不离其宗——让其方便面的口感和味道深入人心，让面条的筋道、酱料的香浓占据消费者的心灵，持久发挥效力。

2. 电子产品制造业要依靠善变取胜，警惕"死撑"的陷阱

对于"善变取胜型"制造业企业，我们以联发科为例，联发科追随市场潮流，成了集成电路设计行业的宠儿。

台湾地区的联发科成立于 1997 年，是业界知名的集成电路芯片设计制造厂商。联发科的成功，不只是因为其卓越的集成电路设计能力，更重要的是因为他们把握住集成电路芯片发展的脉络，始终沿着永续经营的方向前进。

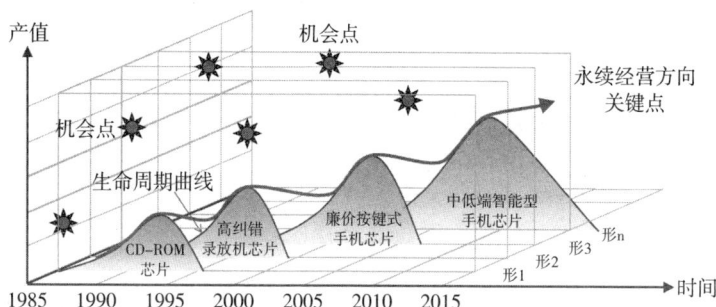

图 7　联发科的永续经营图

在联发科经营初期，恰逢中国大陆影碟机开始流行的时机，当行业巨头索尼、飞利浦、东芝等执着于影碟机高端机型的研发时，联发科则着手量产具有高度纠错能力的影碟机芯片。这种芯片非常适合中国大陆市场的需求，因为当时民众的消费水平不高，中低端影碟机的销量非常好，再加上一

些粗制滥造的盗版光盘流向市场，使用纠错能力极强的影碟机能够播放各种光盘，消费者可以花费较低的成本，以满足观赏影片的需求。

联发科作为影碟机的芯片供货商，带动中国大陆几千家企业，一年就生产出5600万台DVD机，也使得当年价值2000多元的DVD机降价到最终的200多元。

从2003年开始，部分地区廉价按键式手机的需求量逐步走高，到2008年发展至顶峰，在此期间联发科为很多廉价按键式手机生产商提供"半成品"，被称为廉价按键式手机的"专属供货商"。

联发科把芯片、操作软件、外观设计结合在一起，向手机生产商提供全方位服务，那些手机生产商只需要另外购买屏幕、摄像头、外壳、键盘等简单零部件，就可以组装出手机。联发科帮助那些手机生产商大大缩短了出产周期，从原来的6~9个月甚至一年才能生产一款手机，缩短到最多3~6个月就能生产一款手机。

由于这些手机生产商无需担负研发成本、营销成本，整体成本也比较低，其价格约为品牌手机的三分之一左右，受到大量中低收入者的喜爱。

从2011年开始，智能手机的发展开始进入普及阶段，用户群体开始向中低层消费者扩展，市场需求量开始迅速增加。于是，国内很多厂商看到这个商机，纷纷投产中低端智能手机，他们为了缩短生产周期，通常不会自己研发芯片，而是利用现有的芯片进行组装，联发科就是这些中低端智能手机芯片的重要供货商。

长期以来，联发科在中低端手机芯片市场上极其活跃，凭借其低成本优势占据着市场的主动地位。几年前，很多售价在1000元左右的手机，均采用联发科芯片，其中包括小米、酷派、联想、大可乐等知名品牌。短短几年之间，智能手机市场快速增长，中低端智能手机的消费量更是数以亿计。由此可以想见，联发科芯片产品的巨大市场。

联发科凭借本身的研发优势，并结合电子产品市场的成长轨迹，不断大胆地调整产品经营策略，抓住家用电器、通讯设备发展的各个机会点，沿着永续经营的方向前进。

3. 把握全产业链的核心环节

成功的全产业链商业模式，固然能够有效提升企业价值，但是要做到这一点，需要雄厚的资金和技术实力，借鉴意义比较有限。对于我们中小企业来说，很难做到全产业链控制，所以我们应该致力于掌握产业链的核心环节，成为整个行业中不可或缺、不可替代的力量，同样能够建立成功的商业模式，实现"小而高精尖"的目标。对于"把握全产业链的核心环节"这一制造业领域，我们以三家公司的对比为例，说明应该如何掌控产业链的核心环节。

长期以来，光学零件产业伴随着照相机、望远镜、显微镜等产品的升级换代，一直保持着稳定成长。近年来，随着数码相机与手机市场的蓬勃发展，光学零件产业的市场规模快速成长。

从 2000 年开始，全球数码相机市场进入快速发展阶段，带动了新一轮的影像革命，由于其成长性远超过市场预期，造成当时几年光学零件中的镜头产品供货紧张。近几年，随着智能手机的日益普及，对镜头产品需求更加旺盛。除高端影像设备、手机摄像头模组之外，汽车驾驶、安防监控、无人机、VR/AR 设备等都是镜头产品的重要应用领域，而且各个应用领域对镜头产品的需求量也进入增长阶段。例如手机从单镜头演变成双镜头，又发展到三镜头、多镜头，汽车产品上摄像头数量明显增加，而且随着自动驾驶技术的推广，一辆汽车上的车载镜头数量还会大幅增加。

从镜头单品到适合不同产品的实际应用，需要将镜头和芯片进行组合，这就形成了镜头模组，目前比较常见的镜头模组包括手机摄像模组和车载摄像模组。以手机摄像模组的组成为例，主要包括镜头、红外滤光片、图像传感器、数字信号处理器及软板，最后进行模组封装。随着视觉技术相关产业的迅速发展，对镜头和镜头模组的需求量正呈现出直线上升的趋势。

我们所选取的三家光学零件企业，正是该领域的领军者，他们的业务重点并不完全相同，但通过比较其销售业绩、利润率，我们就会发现占据产业链核心位置的重要性。

首先，简单介绍一下三家企业的背景。

舜宇光学是我国比较领先的综合光学产品制造商和光学影像系统解决方案提供商，从事光学及其相关产品的设计、研发、生产和销售。舜宇光学的产品主要运用于手机、数码相机、车载成像系统、安防监控系统、光学测量仪器及高端光学分析仪器等，主要有三大类。

光学零件：例如玻璃球面及非球面镜片、平面产品、手机镜头、车载镜头及其他各种镜头，光学零件在整体业务中的营业收入占比约 20%。

光电产品：例如手机照相模块、三维光电产品、安防监控相机及其他光电模块，可以理解为是镜头和芯片的组合产品，光电产品在整体业务中的营业收入占比约 75%~80%。

光学仪器：例如显微镜、光学测量仪器及各种高端光学分析仪器，光电仪器在整体业务中的营业收入占比约 2%。

舜宇光学先后在余姚、上海、天津、中山、信阳等地设立工厂，在美国、韩国、日本、新加坡和我国台湾地区设立营销公司和研发中心。舜宇光学的镜头和模组产品以中端和中高端为主（按照镜头像素评判），为谷歌、三星、夏普、松下、索尼、奥林巴斯、卡尔蔡司、小米、联想、华为、中兴、酷派、魅族、OPPO 等知名企业提供系列产品解决方案。

欧菲科技主营液晶屏、影像模组、指纹识别模组等，并积极布局智能汽车领域，分支网络分布于中国、美国、日本、德国、芬兰、荷兰、以色列等国家。

欧菲科技的经营业务主要分为两大事业群——光学光电和智能汽车，光学光电事业群包括触控显示类产品、光学产品和传感器类产品，智能汽车事业群包括人机交互系统、高级驾驶辅助系统和车身电子系统。

欧菲科技并不生产镜头，其与舜宇光学形成竞争关系的业务有两类，一是手机摄像头模组业务，二是车载摄像头模组（欧菲科技在这一领域刚刚起步），这些产品以中端为主。

大立光电股份有限公司成立于 1987 年，前身是 1980 年成立的大根精密光学股份有限公司，总部位于台湾地区台中

市，于 2002 年在台湾地区证券交易所挂牌上市，是专业的
光学镜头设计及制造商，也是全球最大的手机镜头制造商之
一。目前在中国台湾地区拥有 4 座工厂，在中国大陆拥有 2
座工厂，主要产品为手机镜头、平板电脑镜头、笔记本电脑
镜头。大立光镜头产品属于中高端，千万像素以上的高端镜
头占营业收入的比例达 70%~80%。

大立光基本只做镜头，舜宇光学是镜头和模组兼而有
之，欧菲科技只做模组，我们来看一下三者的经营业绩对比
情况。

从毛利率来看，基本只做镜头的大立光，毛利率
为 60%~70%，兼做镜头和模组的舜宇光学，毛利率为
15%~20%；只做模组的欧菲科技，毛利率为 10%~12%。在
净利率的表现上，三者的差距也很大，大立光的净利率是
30%~40%，舜宇光学的净利率是 8%~10%，欧菲科技的净利
率在 3% 左右。

由此可见，三家企业中最会赚钱、利润率最高的是大立
光，因为他掌握着产业链和价值链最核心的位置——镜头，
赚钱最辛苦的是欧菲科技，因为他主要占据着组装环节——
把镜头和芯片组装成模组，而赚钱能力居中的是舜宇光学，
他兼做镜头和模组组装。

相对于大立光而言，舜宇光学将一部分精力放在组装业务上，削弱了整体盈利能力，因为在组装业务中的镜头等原材料，其只能实现部分自给（比例约30%），剩余的镜头均需另外高成本采购，鉴于原材料成本上的劣势，其盈利能力弱于大立光。当然，光学镜头是技术密集行业，进入壁垒高，大立光的较高盈利能力来源于几十年的技术积累和突破式创新。这也告诉我们，要想掌控产业链的核心环节，必须要下苦功夫，这需要你有坚定的决心，需要持续充足的研发投入和战斗力顽强的研发团队，需要准确预判产业技术发展趋势，既要苦干，更要巧干。

本章中的案例说明，虽然制造业利润率普遍较低，赚钱很辛苦，但是在不同的细分领域中，依然存在特定的商业模式帮助企业在激烈的竞争中赢得机会。对于食品生产商，要把握住消费者内心最原始、最正宗的口味，并坚持下去；对于电子产品制造业，要应对产业环境的变化，跟随消费大潮的改变，迅速捕捉到新的消费热点；对于在产业链上寻找盈利点的企业，要学会切入具有核心价值的环节。

当然，制造业的分支还有很多，每一个分支都有其不同的盈利模式特点，我们要具体问题具体分析，在创业和经营之路上多学习、多思考，少走弯路，顺利到达成功的彼岸。